PRACTICE
MAKES
PERFECT®

Italian
Verb Tenses

SECOND EDITION

Paola Nanni-Tate

Mc Graw Hill Education

New York   Chicago   San Francisco   Athens   London   Madrid
Mexico City   Milan   New Delhi   Singapore   Sydney   Toronto

Copyright © 2013 by McGraw-Hill Education. All rights reserved. Printed in the United States of America. Except as permitted under the United States Copyright Act of 1976, no part of this publication may be reproduced or distributed in any form or by any means, or stored in a database or retrieval system, without the prior written permission of the publisher.

1 2 3 4 5 6 7 8 9 10 QVR/QVR 1 0 9 8 7 6 5 4 3

ISBN   978-0-07-180449-3
MHID 0-07-180449-8

e-ISBN   978-0-07-180450-9
e-MHID 0-07-180450-1

Library of Congress Control Number 2012947482

Trademarks: McGraw-Hill Education, the McGraw-Hill Education logo, Practice Makes Perfect, and related trade dress are trademarks or registered trademarks of McGraw-Hill Education and/or its affiliates in the United States and other countries and may not be used without written permission. All other trademarks are the property of their respective owners. McGraw-Hill Education is not associated with any product or vendor mentioned in this book.

McGraw-Hill Education products are available at special quantity discounts to use as premiums and sales promotions or for use in corporate training programs. To contact a representative, please visit the Contact Us pages at www.mhprofessional.com.

This book is printed on acid-free paper.

Contents

Acknowledgments

It is with profound gratitude that I acknowledge the expert and patient guidance of Garret Lemoi, my editor at McGraw-Hill Education, during the months I have been assigned the task of writing *Practice Makes Perfect: Italian Verb Tenses*. Writing this book has been a very pleasant endeavor because of Mr. Lemoi's kindness, patience, and experience.

I also would like to thank my son, Eric, and my husband, Bob, for looking over the book's units. Most of all I would like to thank all the students who will be using this book. It is for them that I have been so keen on writing it. It is my profound hope that this book will help them to improve their level of competence in the beautiful Italian language.

Introduction

Practice Makes Perfect: Italian Verb Tenses is designed to improve the skills and knowledge of beginning to intermediate students of Italian. Learning how to conjugate verbs correctly is a difficult task in every language but more so in Italian because of the many tenses and irregular verbs. Correctly conjugating a verb is a very important part of speaking and writing well, but one must also understand the need to use one verb over another and the reason for choosing each verb. It can be difficult; however, with time, dedication, practice, and consistency one can achieve excellent results.

Practice Makes Perfect: Italian Verb Tenses was written with all student levels in mind and with the desire to help make learning Italian verbs and this beautiful language a little easier. Each unit is complete with explanations and exercises that reinforce the learning of each tense. By following the lessons and completing the exercises, students will progress in their knowledge and understanding of Italian. For this new second edition, a Final Review unit has been added for even more practice.

The short stories included at the end of each unit are designed to show students how to use the verbs in everyday situations. Each story is followed by a vocabulary list to help students understand its content.

Practice Makes Perfect: Italian Verb Tenses, with its concise explanations and extensive practice material, will help students strengthen their skills in the Italian language.

Basic Terminology

There is some basic terminology you must be familiar with when studying Italian verbs.

Infinitive: The infinitive is the basic form of the verb as you find it in the dictionary. In English it is expressed as: *to* + verb (*to eat, to sing,* etc.). In Italian all infinitives end in **-are** (**cantare**, *to sing*; **parlare**, *to speak*; etc.), **-ere** (**leggere**, *to read*; **vedere**, *to see,* etc.), or **-ire** (**sentire**, *to hear, to listen*; **finire**, *to finish*; etc.). In the infinitive form the verb does not express any time or the subject of the action. Some verbs have irregular infinitives such as: **porre** (*to put*), **condurre** (*to lead*), and **trarre** (*to pull*). These must be learned individually.

Conjugation: Changing a verb's infinitive ending to one that agrees with the subject and expresses the time of the action is referred to as conjugating a verb.

to eat (**mangiare**) = infinitive	Carla *eats* (Carla **mangia**). *Eats* is a conjugated verb.

Verb stem or root: All verbs in Italian end in **-are**, **-ere**, or **-ire**. By dropping these endings you are left with the root, or stem, of the verb. By adding the required endings you conjugate the verb.

Regular and irregular verbs: Verbs are regular if the stem, or root, does not change from the infinitive, irregular if it does.

parlare (*to speak*): **parlo, parli, parla**, etc. The root **parl-** does not change, therefore it is a regular verb.

fare (*to do, to make*): **faccio, fai, fa, facciamo, fate, fanno.** The root **far-** changes, therefore it is an irregular verb.

Subject pronouns: In English they are: *I, you, he, she, it, we, you,* and *they.* In Italian they are: **io, tu, lui, lei, noi, voi,** and **loro.** There is no "it" in Italian. Every word is either masculine or feminine. Subject pronouns are often omitted in Italian because the verb ending lets you know who the subject is.

Che cosa **fate**?	*What are you doing?*
Studiamo.	*We are studying.*

The pronouns are used to place emphasis on the subject.

Tu hai letto questo libro?	*Have **you** read this book?*

The subject pronouns are used:

- after **anche, neanche, nemmeno**:

Non ho parlato **nemmeno io**.	*I didn't speak **either**.*

- when it stands alone:

  Puoi chiamarlo? Chi, **io**?   *Could you call him? Who, **me**?*

- to avoid ambiguity:

  Desiderano che **tu** vada a casa loro.   *They would like **you** to go to their house.*

- to emphasize two different subjects:

  Noi andiamo al cinema; **voi** andate   *We go to the movies; you go to church.*
  in chiesa.

Formal and informal (formal and familiar): The informal (familiar) pronouns are **tu** (*you*), for the singular form, and **voi** (*you*) for the plural. They are used when talking to members of the family, friends, and young people. **Lei** (used for both masculine and feminine singular) is used with the third-person singular of the verb when you do not know a person very well, with older people, and in hotels, restaurants, and other formal circumstances. **Loro** is used when addressing more than one person.

Tenses: The tenses define when an action takes place. There are simple tenses and compound tenses. They will be studied individually later on. Verbs ending in **-are** belong to the first conjugation. Verbs ending in **-ere** belong to the second conjugation, and those ending in **-ire** belong to the third conjugation.

Indicative mood: The indicative mood states certainty, reality, and facts. It conveys an idea of conviction and objectivity, for example, **parlo** (*I speak*), **ho parlato** (*I have spoken, I spoke*), **parlerò** (*I will speak*). The indicative mood includes the following tenses: present, imperfect, future, present perfect, preterite, past perfect, future anterior, and past anterior. You will be studying each tense in the upcoming chapters.

The Present Tense (*Presente Indicativo*)

The present tense in Italian is used to express the idea of an action taking place in the present time. It can be translated into English in two ways, as in *I speak* or *I am speaking*.

The present tense is used:

- to describe what is going on at the present time.

Giovanna **parla** con Maria.	*Giovanna **is talking** with Maria.*

- to describe what happens regularly or habitually.

Mio fratello **gioca** al pallone ogni giorno.	*My brother **plays** football every day.*

- to express an action in the near future.

Maria **arriva** con l'aereo questa sera.	*Maria **will arrive** by plane this evening.*

- to indicate how long someone has been doing something, but continues in the present.

Aspetto l'autobus **da** dieci minuti.	***I have been waiting for** the bus for ten minutes.*

- to describe something that is occurring all the time.

Il Papa **vive** a Roma, in Vaticano.	*The Pope **lives** in Rome, at the Vatican.*

The present tense is often used instead of the future tense to ask for instructions or to refer to an action that will take place in the immediate future.

Che cosa **faccio** adesso?	*What **do I do** now?*
Chiamo più tardi.	*I **will call** later.*

Verbs Ending in -*are*

Endings for the **-are** verbs:

io (*I*)	**o**	noi (*we*)	**iamo**
tu (*you, fam. sing.*)	**i**	voi (*you, fam. pl.*)	**ate**
lui (*he*)	**a**	loro (*they, m. or f.*)	**ano**
lei (*she*)	**a**	Loro (*you, form. pl.*)	**ano**
Lei (*you, form. sing.*)	**a**		

To form simple sentences follow the model suggested below.

Subject + Verb Root + Verb Ending

Examples:

Io	parl + **o**	molto.	Tu	parl + **i**	con Maria.
I	*talk*	*a lot.*	*You*	*talk*	*with Maria.*

Following is the complete conjugation of the present tense of **parlare**:

io parl**o**	*I speak, talk*	noi parl**iamo**	*we speak, talk*
tu parl**i**	*you speak, talk (fam. sing.)*	voi parl**ate**	*you speak, talk*
lui parl**a**	*he speaks, talks*	loro parl**ano**	*they speak, talk*
lei parl**a**	*she speaks, talks*		
Lei parl**a**	*you speak, talk (form. sing.)*	Loro parl**ano**	*you speak, talk (form. pl.)*

Listed below are several regular **-are** verbs, followed by practice exercises.

abitare	to live	**entrare**	to enter
amare	to love	**guardare**	to look
arrivare	to arrive	**incontrare**	to meet
ascoltare	to listen	**lavorare**	to work
aspettare	to wait	**ordinare**	to order
ballare	to dance	**parlare**	to speak
cantare	to sing	**portare**	to bring
comprare	to buy	**preparare**	to prepare
desiderare	to wish	**ricordare**	to remember
domandare	to ask	**studiare**	to study

esercizio   1-1

Translate into Italian the following verbs.

1. I arrive. _____

2. You (fam. sing.) arrive. _____

3. He arrives. _____

4. We arrive. _____

5. They arrive. _____

6. I sing. _____

7. I sing the song. _____

8. You (fam. pl.) sing. _____

9. They sing well. _____

10. I buy. _____

11. She buys. _____

12. You (fam. sing.) walk. _____

13. We work. _____

14. They work. _____

15. I dance. _____

16. I listen. _____

17. I listen to the radio. _____

18. I enter. _____

19. You (fam. sing.) enter. _____

20. He enters. _____

21. I bring. _____

22. She works. _____

23. We enter. _____

24. They enter. _____

25. I look. _____

26. I look at the clouds. _____

27. She listens. _____

28. We buy. _____

29. They buy. _____

30. I buy the newspaper. _____

31. He pays. _____

32. I study. _____

33. I prepare. _____

34. I remember. _____

35. You (fam. sing.) remember. _____

36. They look. _____

37. We play. _____

38. I ring the door bell. _____

39. We meet Maria. _____

40. You (fam. sing.) meet. _____

esercizio   1-2

Complete the sentences below using the verbs in parentheses.

1. Io _____ (parlare) con Paolo e Maria.

2. Tu _____ (ordinare) un cappuccino.

3. Lui _____ (abitare) in una bella casa.

4. Noi _____ (desiderare) una macchina nuova.

5. Voi _____ (cantare) nel coro.

6. Loro _____ (arrivare) con il treno.

7. Io _____ (cantare) sempre.

8. Tu _____ (sperare) di andare in Italia.

9. Lui _____ (entrare) in casa.

Making a Sentence Negative

To make a positive sentence negative, place the word **non** immediately before the conjugated verb. The auxiliary *do not,* or *does not,* used in English for negative sentences, is not used in Italian.

Io **non** parlo l'italiano.   *I **don't** speak Italian.*
Noi **non** lavoriamo con tuo padre.   *We **don't** work with your father.*

Tu **non** canti bene.	*You **don't** sing well.*
Voi **non** giocate a carte.	*You **don't** play cards.*
Lui **non** balla con sua moglie.	*He **doesn't** dance with his wife.*
Loro **non** ricordano la lezione.	*They **don't** remember the lesson.*

To ask a question in Italian, place the subject of the sentence at the beginning or at the end of a sentence. The tone of voice lets a person know when one is asking a question if the answer is going to be yes or no.

Abiti ancora a Columbus?	***Do** you still live in Columbus?*
Abitate vicino alla scuola?	***Do** you live near the school?*

esercizio   1-3

Translate the following questions into Italian.

1. Do you (fam. sing.) understand Italian? _____

2. Do you (fam. sing.) live here? _____

3. Does she live far? _____

4. Does he work a lot? _____

5. Do you (fam. pl.) speak English? _____

6. Do you (fam. pl.) like to travel? _____

7. Do they travel by train? _____

8. Do they eat at home? _____

9. Do we buy a house? _____

Asking Questions

If the question requires a more precise answer, words such as **dove**, **come**, **quando**, **quanto**, **quale**, **chi**, **che**, and **che cosa** introduce the question. **Chi** (*who*) always uses the third-person singular. **Quale** (*which one*) and **quali** (*which ones*) use the third-person singular or third-person plural. They are usually followed by a verb.

Dove abiti?	***Where** do you live?*
Dove abitate?	***Where** do you live?*
Come sta tuo fratello?	***How** is your brother?*
Come stanno i tuoi genitori?	***How** are your parents?*
Quando ritornate?	***When** will you return?*
Perchè viaggi?	***Why** do you travel?*

Quale mangi?	*Which one will you eat?*
Quali compri?	*Which ones will you buy?*

Quanto, **quanti**, **quanta**, and **quante** are generally followed by a noun.

Quanto pane compri?	*How much bread will you buy?*
Quanti giornali compri?	*How many newspapers will you buy?*
Quanta pasta mangiate?	*How much pasta will you eat?*
Quante paste mangiate?	*How many pastries will you eat?*

esercizio | 1-4

Translate the following questions into Italian.

1. Where do you (fam. sing.) go to work? _____

2. Where do you go to school? _____

3. Who is calling you? _____

4. When does she go home? _____

5. When does he return? _____

6. How are you? _____

7. Why do we eat so much? _____

8. What do you do? _____

9. Which (one) do you buy? _____

10. Which (ones) do you buy? _____

11. How much pasta does she eat? _____

12. How many cars does she buy? _____

To give a negative answer to a question, put **no** in front of all words.

Vai al cinema? **No**, non vado al cinema.	*Are you going to the movie? **No**, I am not going to the movie.*
Siete americani? **No**, non siamo americani.	*Are you Americans? **No**, we are not Americans.*
Parlano l'italiano? **No**, parlano solo l'inglese.	*Do they speak Italian? **No**, they only speak English.*

esercizio	1-5

A. Put the following sentences in the negative form.

1. Io vado in piscina. _____

2. Tu nuoti bene. _____

3. Lei viaggia in macchina. _____

4. Noi ordiniamo un computer nuovo. _____

5. Tu e Maria parlate bene il francese. _____

6. Loro arrivano in ritardo. _____

7. Io parlo al telefono alla sera. _____

8. Voi arrivate tardi a scuola. _____

9. Lui aspetta il treno. _____

B. Give a negative answer to the questions below.

1. Andate al cinema questa sera? _____

2. Desideri un gelato? _____

3. Abitate in Italia? _____

4. Giochiamo al tennis domani? _____

5. Vanno a scuola i tuoi bambini? _____

6. Vai al cinema questa sera? _____

7. Va (lui) dai suoi amici? _____

8. La mamma compra il pane? _____

9. Ascoltate le canzoni nuove? _____

-are **Verbs with Spelling Changes**

Verbs ending in **-ciare**, **-giare**, **-chiare**, and **-ghiare** drop the **-are** ending when they are conjugated. They also drop the **-i-** in the **tu** and **noi** forms of the verb.

	cominciare (*to start*)	viaggiare (*to travel*)	invecchiare (*to age*)	ringhiare (*to growl*)
io	comincio	viaggio	invecchio	ringhio
tu	cominci	viaggi	invecchi	ringhi
lui, lei	comincia	viaggia	invecchia	ringhia
noi	cominciamo	viaggiamo	invecchiamo	ringhiamo
voi	cominciate	viaggiate	invecchiate	ringhiate
loro	cominciano	viaggiano	invecchiano	ringhiano

Verbs ending in **-care** and **-gare** add an **-h-** to the root in the second-person singular **tu** and in the first-person plural **noi** forms in order to maintain the hard sound of **-c-** and **-g-** of the infinitive.

	toccare (*to touch*)	pagare (*to pay*)
io	tocco	pago
tu	tocchi	paghi
lui, lei	tocca	paga
noi	tocchiamo	paghiamo
voi	toccate	pagate
loro	toccano	pagano

Below are some of the more common verbs ending in **-ciare**, **-giare**, **-chiare**, **-ghiare**, **-care**, **-gare**.

allungare	to lengthen	**marciare**	to march
assaggiare	to taste	**noleggiare**	to rent
attaccare	to attach	**parcheggiare**	to park
cominciare	to start	**passeggiare**	to stroll
impaccare	to pack	**sbarcare**	to disembark
indagare	to investigate	**toccare**	to touch
invecchiare	to age	**viaggiare**	to travel

esercizio   1-6

Complete each sentence with the correct form of the verb in parentheses.

1. Io _____ (parcheggiare) la macchina.

2. Tu _____ (assaggiare) la pasta.

3. Lui _____ (marciare) con i soldati.

4. Lei _____ (pagare) i vestiti.

5. Noi _____ (cominciare) a capire.

6. Voi _____ (viaggiare) sempre.

7. Loro _____ (toccare) tutto.

8. I ragazzi _____ (cercare) un buon ristorante.

9. Noi _____ (noleggiare) la macchina in Italia.

10. Loro ＿＿＿＿＿ (sbarcare) questa sera in una bella isola.

11. Io ＿＿＿＿＿ (cercare) un buon libro in biblioteca.

12. La sarta ＿＿＿＿＿ (allungare) la gonna della bambina.

13. Tu ＿＿＿＿＿ (indagare) le cause dell'incidente.

14. Voi ＿＿＿＿＿ (viaggiare) con dei vostri amici.

15. Lui ＿＿＿＿＿ (troncare) i rapporti con tutti i parenti.

16. Noi ＿＿＿＿＿ (rischiare) tutti i soldi al gioco.

17. Le truppe ＿＿＿＿＿ (marciare) per molte ore nel fango e nella pioggia.

18. Tu ＿＿＿＿＿ (cominciare) la lezione alle 7,00 ogni lunedì.

19. Noi ＿＿＿＿＿ (mangiare) molto tardi alla sera.

20. Le donne oggi ＿＿＿＿＿ (invecchiare) molto bene.

21. Noi ＿＿＿＿＿ (impaccare) i vestiti nella valigia.

Verbs Ending in *-ere*

Endings for the **-ere** verbs:

io (*I*)	**o**	noi (*we*)	**iamo**
tu (*you, fam. sing.*)	**i**	voi (*you, fam. pl.*)	**ete**
lui (*he*)	**e**	loro (*they, m. or f.*)	**ono**
lei (*she*)	**e**		
Lei (*you, form. sing.*)	**e**	Loro (*you, form. pl.*)	**ono**

Following is the complete conjugation of the present tense of **vedere**:

io ved**o**	*I see*	noi ved**iamo**	*we see*
tu ved**i**	*you see (fam. sing.)*	voi ved**ete**	*you see*
lui ved**e**	*he sees*	loro ved**ono**	*they see*
lei ved**e**	*she sees*		
Lei ved**e**	*you see (form. sing.)*	Loro ved**ono**	*you see (form. pl.)*

Listed below are several **-ere** verbs, followed by practice exercises.

apprendere	to learn	**perdere**	to lose
cadere	to fall	**piangere**	to cry
chiedere	to ask	**promettere**	to promise
chiudere	to close	**rendere**	to return something
conoscere	to know	**ricevere**	to receive
credere	to believe	**ripetere**	to repeat
leggere	to read	**scrivere**	to write
mettere	to put	**vendere**	to sell
nascere	to be born	**vivere**	to live

esercizio	**1-7**

Translate into Italian the following verbs.

1. I close. _____

2. You run. _____

3. He believes. _____

4. She reads. _____

5. We read. _____

6. I put. _____

7. You close. _____

8. They read. _____

9. We put. _____

10. I receive. _____

11. You receive. _____

12. You answer. _____

13. We answer. _____

14. I write. _____

15. You write. _____

16. She writes. _____

17. He puts. _____

18. They write. _____

19. They receive. _____

20. We see. _____

21. They see. _____

22. I sell. _____

23. He sells. _____

24. You (fam. pl.) sell. _____

25. They sell. _____

26. I read. _____

27. He reads. _____

28. We ask. _____

29. They run. _____

30. They ask. _____

31. I ask. _____

32. I know. _____

33. They know. _____

34. She asks. _____

esercizio   1-8

Put each of the following sentences in the plural form.

1. Leggo molto.

   _____

2. Corri sempre.

   _____

3. Lui crede in voi.

   _____

4. Lei riceve molti regali.

   _____

5. Ricevo una lettera.

   _____

6. Vendi le macchine nuove.

   _____

7. Lei risponde al telefono quando è in casa.

   _____

8. Vendo i pomodori al mercato.

_____

9. Non credo alla fortuna.

_____

10. Non riceve molte lettere.

_____

-ere Verbs with Spelling or Pronunciation Irregularities

Following are some commonly used **-ere** verbs that have irregular spelling and pronunciation:

- with **conoscere** (_to know somebody_) and **riconoscere** (_to recognize_) the spelling remains the same, but the pronunciation of the **-c-** is hard in the first-person singular and in the third-person plural.

    conoscere: conosco, conosci, conosce, conosciamo, conoscete, conos**cono**

- **muovere** (_to move_) and **rimuovere** (_to remove_) have spelling changes in the first- and second-person plural, but the regular forms **muoviamo**, **muovete**, **rimuoviamo**, and **rimuovete** are also commonly used.

    muovere: muovo, muovi, muove, m**oviamo**, m**ovete**, muovono

    Rimuovere follows the same pattern.

- **rimanere** (_to remain, to stay_) has a **-g-** in the first-person singular and the third-person plural.

    rimanere: rimango, rimani, rimane, rimaniamo, rimanete, rimangono

    Appartenere (_to belong_), **ottenere** (_to obtain_), **mantenere** (_to maintain_), and **sostenere** (_to sustain_) follow the same pattern.

- **tenere** (_to keep_) has both spelling and pronunciation irregularities.

    tenere: tengo, tieni, tiene, teniamo, tenete, tengono

Verbs Ending in -cere

Verbs ending in **-cere** have spelling changes in the root of the present tense.

	piacere (_to like_)	**tacere** (_to be quiet_)
io	**piaccio**	**taccio**
tu	**piaci**	**taci**
lui, lei	**piace**	**tace**
noi	**piacciamo (piaciamo)**	**tacciamo (taciamo)**
voi	**piacete**	**tacete**
loro	**piacciono**	**tacciono**

Compiacere (_to please_), **dispiacere** (_to displease_), and **giacere** (_to lie down_) follow the same pattern as **piacere** or **tacere**.

esercizio   **1-9**

Complete the following sentences using the correct form of the verb in parentheses.

1. Gli studenti _____ (tacere) in classe.

2. Le ragazze _____ (giacere) sul prato.

3. La verdura non _____ (piacere) ai bambini.

4. Loro _____ (piacere) a tutti.

5. Io _____ (piacere) a molte persone.

6. Tu _____ (tacere) sempre.

Other Irregular -*ere* Verbs in the Present Tense

Following are additional commonly used **-ere** verbs that have irregularities in the present tense:

> **bere** (*to drink*): io bevo, tu bevi, lui/lei beve, noi beviamo, voi bevete, loro bevono
> **dovere** (*to have to, must*): io devo (debbo), tu devi, lui/lei deve, noi dobbiamo, voi dovete, loro devono (debbono)
> **piacere** (*to like, please*): io piaccio, tu piaci, lui/lei piace, noi piaciamo, voi piacete, loro piacciono
> **porre** (*to put, place*): io pongo, tu poni, lui/lei pone, noi poniamo, voi ponete, loro pongono

Comporre (*to compose*) and **opporre** (*to oppose*) follow the same pattern as **porre**.

> **possedere** (*to possess, own*): io possiedo, tu possiedi, lui/lei possiede, noi possediamo, voi possedete, loro possiedono
> **potere** (*to be able, may, can*): io posso, tu puoi, lui/lei può, noi possiamo, voi potete, loro possono
> **sapere** (*to know*): io so, tu sai, lui/lei sa, noi sappiamo, voi sapete, loro sanno
> **scegliere** (*to choose, select*): io scelgo, tu scegli, lui/lei sceglie, noi scegliamo, voi scegliete, loro scelgono

Accogliere (*to welcome*), **raccogliere** (*to collect, gather*), **togliere** (*to remove*), **sciogliere** (*to untie*), and **cogliere** (*to pick, gather*) follow the same pattern as **scegliere**.

> **valere** (*to be worth*): io valgo, tu vali, lui/lei vale, noi valiamo, voi valete, loro valgono
> **volere** (*to want*): io voglio, tu vuoi, lui/lei vuole, noi vogliamo, voi volete, loro vogliono

esercizio   **1-10**

Complete the following sentences by conjugating the verbs in parentheses in the appropriate forms.

1. Io _____ (conoscere) molte persone.

2. Tu _____ (riconoscere) la mia amica.

3. Lui _____ (muovere) il divano.

4. Lei _____ (rimanere) in vacanza per due settimane.

5. Noi _____ (tenere) i ragazzi interessati negli sport.

6. Voi _____ (mantenere) bene la casa.

7. Loro _____ (bere) molto vino rosso.

8. Io _____ (dovere) parlare con l'insegnante.

9. Lei _____ (piacere) a tutti.

10. Tu _____ (comporre) della musica molto bella.

11. Lui _____ (possedere) molte case e terreni.

12. Lei _____ (potere) venire a casa mia questa sera.

13. Noi _____ (sapere) dove abiti.

14. Voi _____ (scegliere) i regali per la festa del compleanno.

15. Io _____ (raccogliere) fiori nel prato.

16. Loro _____ (valere) molto.

17. Noi _____ (volere) vedere un bel film oggi.

18. Tu _____ (non potere) venire al cinema con noi.

19. Lei _____ (non bere) abbastanza acqua durante il giorno.

20. Noi _____ (non rimanere) in Italia per molto tempo.

21. Voi _____ (non raccogliere) le foglie nel giardino.

22. Loro _____ (non scegliere) dei bei vestiti.

Verbs Ending in *-ire*

There are two types of **-ire** verbs. One type follows the pattern of **sentire** and the other follows the pattern of **finire**. The present tense endings are the same. The difference is that verbs like **finire** add **-isc** before the ending in all forms except **noi** and **voi**.

io (*I*)	**o**	noi (*we*)	**iamo**
tu (*you, fam. sing.*)	**i**	voi (*you, fam. pl.*)	**ite**
lui (*he*)	**e**	loro (*they, m. or f.*)	**ono**
lei (*she*)	**e**		
Lei (*you, form. sing.*)	**e**	Loro (*you, form. pl.*)	**ono**

Following is the complete conjugation of the present tense of **sentire**:

io **sento**	*I hear*	noi **sentiamo**	*we hear*
tu **senti**	*you hear (fam. sing.)*	voi **sentite**	*you hear (fam. pl.)*
lui **sente**	*he hears*	loro **sentono**	*they speak*
lei **sente**	*she hears*		
Lei **sente**	*you hear (form. sing.)*	Loro **sentono**	*you hear (form. pl.)*

The following is a list of some common **-ire** verbs:

aprire	to open	**scoprire**	to discover, to uncover
bollire	to boil	**seguire**	to follow
coprire	to cover	**sentire**	to hear, listen, feel
dormire	to sleep	**servire**	to serve
offrire	to offer	**vestire**	to dress
partire	to depart, leave		

esercizio | **1-11**

Translate the following sentences into Italian.

1. I sleep. _____

2. You (fam. sing.) sleep. _____

3. He opens. _____

4. We open. _____

5. He covers the car. _____

6. We cover the pool. _____

7. They cover the flowers. _____

8. I offer them a cup of tea. _____

9. You (fam. pl.) offer some wine. _____

10. You (fam. sing.) do not offer wine. _____

11. I leave for Rome. _____

12. We leave tomorrow. _____

13. They are leaving now. _____

14. I follow. _____

15. We follow the guide. _____

16. They sleep all the time. _____

17. I open the door. _____

18. You don't open the window. _____

19. She opens the book. _____

20. Maria does not sleep late. _____

Many **-ire** verbs add **-isc** to the root of the verb in the present indicative except for the first- and second-person plural.

Below is the complete conjugation of the present tense of **finire**:

io **finisco**	*I finish*	noi **finiamo**	*we finish*
tu **finisci**	*you finish (fam. sing.)*	voi **finite**	*you finish (fam. pl.)*
lui **finisce**	*he finishes*	loro **finiscono**	*they finish*
lei **finisce**	*she finishes*		
Lei **finisce**	*you finish (form. sing.)*	Loro **finiscono**	*they finish (form. pl.)*

The following is a partial list of **-isc** verbs, followed by practice exercises:

capire	to understand	**ingrandire**	to enlarge
costruire	to build	**preferire**	to prefer
dimagrire	to lose weight	**pulire**	to clean
finire	to finish	**spedire**	to send
impedire	to prevent	**ubbidire**	to obey

Apparire (*to appear*) and **scomparire** (*to disappear*) can be conjugated with or without the **-isc** form; however, the non **-isc** form is used more.

esercizio	1-12

Complete the following sentences by conjugating the verbs in parentheses. Then translate the sentences into English.

1. I ragazzi _____ (aprire) la porta.

   _____

2. Carlo _____ (costruire) la sua casa.

   _____

3. Mia sorella _____ (pulire) la sua camera.

   _____

4. I ragazzi _____ (preferire) lo sport.

   _____

5. Noi non _____ (capire) la lezione.

_____

6. Tu _____ (spedire) il pacco domani.

_____

7. Lei _____ (ingrandire) la fotografia.

_____

esercizio | **1-13**

A. Write the present tense of the verbs in parentheses in the appropriate forms.

1. I nonni _____ (arrivare) fra una settimana.

2. Tu _____ (suonare) la chitarra.

3. Lui _____ (parlare) molto.

4. Lei _____ (leggere) solo libri.

5. Voi _____ (vendere) la vostra casa.

6. Chi _____ (rispondere) alla domanda?

7. Loro _____ (partire) domani mattina.

8. Tu non _____ (capire) l'italiano.

9. Voi _____ (finire) il pranzo.

B. Translate the following sentences into English.

1. Parliamo a bassa voce. _____

2. Chi abita in questa casa? _____

3. Il ragazzo vende i biglietti. _____

4. Non capisco la lezione. _____

5. Voi chiudete la porta. _____

6. Io pulisco sempre. _____

7. Loro costruiscono la casa. _____

8. I bambini preferiscono il latte. _____

C. Complete the sentences in Italian.

1. Do you hear the music? _____ la musica?

2. At what time do you finish working? A che ora _____ di lavorare?

3. She sings very well. Lei _____ molto bene.

4. They are living in Italy. Loro _____ in Italia.

5. He believes what he hears. Lui _____ tutto quello che sente.

6. Andrea is drinking coffee. Andrea _____ il caffè.

7. How much does the radio cost? Quanto _____ la radio?

8. They are doing their homework. Loro _____ i compiti.

9. Carlo closes the window. Carlo _____ la finestra.

D. Answer with complete sentences using the words in parentheses.

1. Tu studi l'italiano? (Sì)

   _____

2. Quale stagione preferisci? (estate)

   _____

3. Quante amiche hai? (tante)

   _____

4. Quanti vestiti ha lei? (tanti)

   _____

5. Dove vai questa sera? (al cinema)

   _____

6. A che ora finisci di lavorare? (alle 7,00)

   _____

7. Quando parti? (domani mattina)

   _____

8. Capisci bene l'italiano? (Sì)

   _____

esercizio 1-14

Giovanna è al mare e scrive una lettera ai suoi genitori. Completare la lettera con i verbi della lista qui sotto e poi tradurre in inglese. (Giovanna is at the seaside. She writes a letter to her parents. Complete the letter using the verbs listed below, and then translate into English.)

è	sto	vado	vado	sono
fa	dormo	dormire	andiamo	pranzo
facciamo	ritorno	incontro	ballare	sono
mangiamo	faccio	andiamo	dormiamo	saluto

Cari genitori,

Come state? Io _____ qui al mare e _____ benissimo. _____ in un

albergo molto carino e non molto caro. Ogni mattina dopo la colazione, _____ alla

spiaggia. Verso mezzogiorno, quando _____ troppo caldo sulla spiaggia,

_____ in albergo, _____, poi _____ a _____ per un paio

d'ore. Qualche volta _____ degli amici e tutti assieme _____ a fare delle

lunghe passeggiate. Rimini è molto bella. La gente _____ molto simpatica e allegra.

Alla sera _____ a ballare tutti assieme in discoteca fino alle due o alle tre di notte e

alla mattina _____ fino a tardi.

Vi _____ con tanto affetto e arrivederci a presto.

Vostra figlia

_____

_____

_____

_____

_____

_____

_____

_____

_____

_____

_____

The Progressive Tense (*Gerundio*)

In Italian often the present and the imperfect tenses are used to express continuing actions, while in English the progressive tense is generally used.

Mangiano.	*They are eating.*
Leggo una lettera importante.	*I am reading* an important letter.
Parlavamo.	*We were speaking.*

In Italian the progressive tense is used to emphasize that the action coincides with the speaking. The progressive tense, also called the present continuous or gerund tense, is formed by the present or the imperfect tense of **stare** + the gerund. The gerund is formed from the infinitive of the verb, by omitting the ending and adding **-ando** or **-endo** to the root.

andare (*to go*), and**ando** (*going*)

The progressive tense is used to express an action that is going on at the same time as the person who is speaking or doing the action.

The endings of the progressive tense are:

Infinitive	Gerund	Infinitive-Gerund
-are	**-ando**	parlare, parl**ando**
-ere	**-endo**	vedere, ved**endo**
-ire	**-endo**	sentire, sent**endo**

sto andando	*I am going*
stai vedendo	*you are seeing*
sta sentendo	*he/she is hearing*
stavo parlando	*I was speaking*

Some verbs form the gerund from the first-person singular of the present tense.

bevo (*I drink*), **bevendo** (*drinking*)
faccio (*I do, make*), **facendo** (*making*)
dico (*I say*), **dicendo** (*saying*)

stare   +   gerundio

PRESENT PROGRESSIVE (*Gerundio Presente*)

io	**sto**	**andando**	*I am going*
tu	**stai**	**scrivendo**	*you are writing*
lui, lei	**sta**	**sentendo**	*he/she is listening*
noi	**stiamo**	**capendo**	*we are understanding*
voi	**state**	**cantando**	*you are singing*
loro	**stanno**	**leggendo**	*they are reading*

PAST PROGRESSIVE (*Gerundio Passato*)

io	**stavo**	**andando**	*I was going*
tu	**stavi**	**scrivendo**	*you were writing*
lui, lei	**stava**	**sentendo**	*he/she was hearing*
noi	**stavamo**	**capendo**	*we were understanding*
voi	**stavate**	**cantando**	*you were singing*
loro	**stavano**	**leggendo**	*they were reading*

Present:	Io **telefono** a mia sorella tutte le settimane.	*I call my sister every week.*
Progressive:	Io **sto telefonando** a mia sorella (adesso).	*I am calling my sister (just now).*
Present:	Voi **partite** alle sei.	*You leave at six.*
Progressive:	Voi **state partendo** (adesso).	*You are leaving (just now).*

esercizio 1-15

Complete the sentences using the gerund form of the verbs in parentheses.

1. Il fornaio _____ (preparare) il pane.

2. La mamma _____ (leggere) il libro.

3. Il vigile _____ (fare) la multa.

4. Il fioraio _____ (vendere) i fiori.

5. Il ragazzo _____ (fare) la doccia.

6. Mio padre _____ (andare) a letto.

7. I miei genitori _____ (arrivare) con i miei cugini.

8. Il treno _____ (partire) in ritardo.

9. Oggi _____ (piovere) forte.

10. Io _____ (mangiare) il gelato con i miei amici.

11. Tu _____ (salire) sull'aereo.

12. Lui _____ (bere) una birra fredda.

13. Noi _____ (finire) la lettera.

14. La gente _____ (camminare) per la strada.

15. Voi _____ (ascoltare) la musica.

esercizio   1-16

A. *Complete the sentences using the gerund of the verbs in parentheses.*

1. Io _____ (andare) al cinema con i miei amici.

2. Tu e tua sorella _____ (cucinare) per tutti gli amici.

3. Il mio amico _____ (arrivare) da Parigi con la sua famiglia.

4. Noi _____ (portare) le valige in macchina.

5. Voi _____ (finire) i compiti.

6. Loro _____ (fare) molto rumore.

7. Io _____ (mangiare) troppo.

8. Lei _____ (parlare) con le sue amiche.

9. I nostri cugini _____ (ritornare) dal loro viaggio.

B. *Change the sentences below from the present to the gerund.*

1. Io parto per Firenze.   Io _____.

2. Tu dormi in albergo.   Tu _____.

3. Lui scrive la lettera.   Lui _____.

4. Lei finisce di mangiare.   Lei _____.

5. Noi scriviamo un libro.   Noi _____.

6. Voi parlate al telefono.   Voi _____.

7. Loro ascoltano la musica.   Loro _____.

8. Io non mangio la carne.   Io _____.

9. Tu non arrivi con il treno.   Tu _____.

Essere (to Be) and Avere (to Have)

Essere and **avere** are the two most common Italian verbs. They are both irregular in all their forms.

Essere (to Be)

io	**sono**	I *am*
tu	**sei**	you *are*
lui, lei	**è**	he/she *is*
noi	**siamo**	we *are*
voi	**siete**	you *are*
loro	**sono**	they *are*

The **io** and **loro** forms have the same spelling: **sono**. This is seldom confusing since the correct meaning is obvious from the context.

Essere is used to express:

Relationships:	Loro sono i miei genitori.	*They are my parents.*
	Lei è mia nipote.	*She is my niece.*
	Lei è mia moglie.	*She is my wife.*
Physical characteristics:	Lui è un uomo alto.	*He is a tall man.*
	Paola è bruna.	*Paola is a brunette.*
Personal traits:	Lui è un uomo intelligente.	*He is an intelligent man.*
	Voi siete gentili.	*You are kind.*
Date and time:	Oggi è il 25 dicembre.	*Today is the 25th of December.*
	Domani è domenica.	*Tomorrow is Sunday.*
	Che ora sono?	*What time is it?*
Profession:	Loro sono studenti.	*They are students.*
	Lui è un professore.	*He is a professor.*
Nationality:	Io sono americano.	*I am American.*
	Lei è italiana.	*She is Italian.*
Mood:	Maria è felice.	*Mary is happy.*
	Tu sei di cattivo umore.	*You are in a bad mood.*
Physical status:	Noi siamo stanchi.	*We are tired.*
	Voi siete giovani.	*You are young.*
Unusual conditions:	Il cielo è nuvoloso.	*The sky is cloudy.*
	Il suo vestito è sporco.	*Her dress is dirty.*
Colors to describe things:	L'erba è verde.	*The grass is green.*
	Il sangue è rosso.	*The blood is red.*
Location:	Io sono a letto.	*I am in bed.*
	Tu non sei a casa.	*You are not at home.*

esercizio   **1-17**

Complete the sentences with the correct form of **essere**. *Then translate the sentences into English.*

1. Noi _____ da Maria.

    _____

2. Loro _____ felici perchè possono viaggiare.

    _____

3. Io _____ ansioso perchè non capisco bene.

    _____

4. Ci _____ molte persone in casa.

    _____

5. Dove _____ tu?

    _____

6. Le pere _____ verdi.

    _____

7. Il gatto _____ ammalato.

    _____

8. La donna _____ alta.

    _____

9. Tu _____ molto bella.

    _____

esercizio   **1-18**

Change the following sentences into the interrogative and then into the negative.

1. Io sono a scuola._____

    _____

2. Tu sei al cinema. _____

_____

3. Lui è con i suoi amici. _____

_____

4. Lei è molto bella. _____

_____

5. Noi siamo ricchi. _____

_____

6. Voi siete a casa. _____

_____

7. Loro sono ammalati. _____

_____

Avere (to Have)

io	**ho**	I *have*
tu	**hai**	you *have*
lui, lei	**ha**	he/she *has*
noi	**abbiamo**	we *have*
voi	**avete**	you *have*
loro	**hanno**	they *have*

The **h-** in **ho, hai, ha,** and **hanno** is never pronounced. It is used to distinguish between the verb form and other words with the same pronunciation but different meanings. For example: **ho** (*I have*) and **o** (*or*), and **ha** (*he/she has*) or **a** (*at, to*).

Avere is often used in Italian, where **essere** would be used in English. In English *to be* is used when telling or asking one's age, but in Italian *to have* is used. In Italian people say "How many years do you/does he or she have?" instead of "How old are you/is he or she?"

Quanti anni **hai**?	*How old **are** you?*
Quanti anni **ha** Giovanni?	*How old **is** Giovanni?*
La ragazza **ha** venti anni.	*The girl **is** twenty years old.*

esercizio	**1-19**

Translate the following into Italian using complete sentences.

1. How old are you? _____

2. I am twenty years old. _____

3. You are twelve years old. _____

4. How old is she? _____

5. Lidia is thirty years old. _____

6. My cat is seven years old. _____

7. Her brother is fifteen years old. _____

8. How old are the boys? _____

9. They are nine years old. _____

Other instances when **avere** is used in Italian and **essere** is used in English are:

Io	**ho fame.**	*I am hungry.*
Tu	**hai sete.**	*You are thirsty.*
Lui	**ha sonno.**	*He is sleepy.*
Lei	**ha fretta.**	*She is in a hurry.*
Noi	**abbiamo caldo.**	*We are warm.*
Voi	**avete paura.**	*You are afraid.*
Loro	**hanno molta fortuna.**	*They are very lucky.*

esercizio	**1-20**

Translate the following sentences into Italian.

1. I am hungry. _____

2. You are hungry. _____

3. He is sleepy. _____

4. She is afraid. _____

5. We are cold. _____

6. You are in a hurry. _____

7. They are lucky. _____

8. I am very hungry. _____

9. You are very thirsty. _____

10. He is very sleepy. _____

11. She is not afraid. _____

12. We are not cold. _____

13. Are you in a hurry? _____

14. They are not lucky. _____

esercizio   1-21

*Supply **avere** or **essere** in the appropriate form.*

1. Noi _____ di Roma.

2. Io _____ un libro.

3. Voi _____ un'automobile nuova.

4. I signori Bianchi _____ a Napoli in vacanza.

5. I signori Bianchi _____ tre figli.

6. Giovanna e Carla _____ studentesse.

7. Tu non _____ fame.

8. Dove _____ le macchine?

9. Lei _____ una bella borsa.

10. Loro _____ fretta.

11. Mio zio _____ a Pisa.

12. Mio zio _____ una mappa della città.

13. Noi _____ in ritardo.

14. Voi _____ una casa molto grande.

15. Lei _____ felice.

16. Noi _____ molte valige.

17. Voi _____ i biglietti per il teatro.

18. Tu _____ molto studiosa.

19. Lui _____ un attore molto bravo.

20. Lei _____ un vestito alla moda.

esercizio   1-22

Translate the following paragraph into Italian.

My name is Carlo. Every day after school my friends come to my house to play. We are usually very hungry and thirsty. I have a big dog and my friends are afraid of it. My mother gives us something to eat and to drink. We are in a hurry because we want to go out to play. We run and play soccer and a short time later we are thirsty again. We go back inside the house when we are tired and cold.

_____

_____

_____

_____

_____

_____

_____

_____

esercizio   1-23

Fill in the spaces with the correct forms of the verbs in parentheses.

Alla mattina quando mi sveglio _____ (io avere molta fame).

Mangio i cereali con il latte, ma _____ (avere fretta) perché non voglio

arrivare in ritardo al lavoro.

Io _____ (avere sempre paura) di perdere l'autobus.

Quando aspetto l'autobus in inverno _____ (avere freddo).

Qualche volta _____ (avere fortuna) e non devo aspettare molto perché

l'autobus arriva quasi subito.

I miei amici _____ (avere ragione) quando mi dicono che sarebbe

meglio se io andassi in macchina.

C'è, Ci sono; Com'è, Come sono

C'è (from **ci è**) and **ci sono** correspond to the English *there is* and *there are*. They state the presence of people or objects in a place, or the idea of being in or being there.

C'è tempo; non abbiamo fretta.	***There is*** *time; we are not in a hurry.*
Ci sono molti turisti a Venezia.	***There are*** *many tourists in Venice.*
Scusi, **c'è** Maria?	*Excuse me, **is** Maria **there**?*

The expressions **com'è** and **come sono** (**Com'è** Roma? *What is Rome like?*) are used to find out what people, places, or things are like. **Come** + **essere** (**Com'è** bella Roma! *How beautiful Rome is!*) is used in exclamations. In Italian, exclamation marks are used much more often than in English. Notice the different word order. Following are some exercises for practice.

esercizio **1-24**

*Use the correct form of **c'è** or **ci sono** in the following sentences.*

1. _____ molte persone al cinema.

2. _____ una statua molto famosa in questa chiesa.

3. Scusi, _____ Carla? No, non _____ .

4. _____ un supermercato in questo paese? No, non _____ .

5. Quanti aeroporti _____ a Milano? _____ tre aeroporti.

6. _____ un posto vicino a voi? Si, _____ due posti.

7. _____ la fermata dell'autobus qui vicino? No, non _____ .

8. _____ quattro studenti nell'ascensore.

9. Quante fermate di metropolitana _____ per arrivare in città?

esercizio	1-25

Write the correct form of **com'è** *or* **come sono** *in the sentences below.*

1. _____ cattivo questo dolce!

2. _____ piccolo (lui)!

3. _____ Napoli?

4. _____ il tuo vestito nuovo?

5. _____ i libri?

6. _____ quella ragazza?

7. _____ vecchio questo palazzo!

8. _____ belli questi bicchieri!

9. _____ buono questo caffè!

Expressions of Time

The present tense + **da** + an expression of time is used to relate an action that started in the past and continues in the present. The question is introduced by **da quando** or **da quanto tempo** + the present tense.

Da quando vai a scuola?	***Since when*** *have you been going to school?*
Vado a scuola **da un anno**.	*I have been going to school **for a year**.*

esercizio	1-26

Ask the questions using the words provided, as shown in the example.

> EXAMPLE: (tu) vivere negli Stati Uniti
> Da quanto tempo vivi negli Stati Uniti?

1. (tu) abitare in questa casa

   _____

2. (lui) guidare la macchina

   _____

3. (lei) vivere in questa città

   _____

4. (loro) frequentare questa scuola

_____

5. (voi) studiare l'italiano

_____

6. (tu) aspettare l'autobus

_____

7. (voi) andare al teatro

_____

The following is another way to express an action that started in the past and continues in the present:

> **Quanto tempo è che . . . ?** + the present tense.
> **Quanto tempo è che** conosci il tuo amico?   *How long have you known your friend?*

Form the response by using one of the following:

> **È** + time expression in the singular + **che** + present tense.
> **È un mese che** lo conosco.   *I have known him for a month.*

> **Sono** + time expression in the plural + **che** + present time.
> **Sono due mesi** che lo conosco.   *I have known him for two months.*

esercizio   1-27

Answer the questions below using the words in parentheses.

> EXAMPLE: Da quanto tempo fai ginnastica?
> Faccio ginnastica da quattro anni.
> Sono quattro anni che faccio ginnastica.

1. Da quanto tempo pattini sul ghiaccio? (quattro mesi)

_____

_____

2. Da quanto tempo studiate l'italiano? (sei anni)

_____

_____

3. Da quanto tempo nuotano in piscina i bambini? (un'ora)

_____

_____

4. Da quanto tempo prende il sole lei? (mezza giornata)

    _____

    _____

5. Da quando viaggi in aereo? (dodici ore)

    _____

    _____

6. Da quando non vedi tuo fratello? (un anno)

    _____

    _____

7. Da quanto tempo non parli con tua sorella? (tre giorni)

    _____

    _____

8. Da quanto tempo non vai al mare? (due anni)

    _____

    _____

9. Da quando nevica? (tre giorni)

    _____

    _____

Fare (to Do, to Make)

The verb **fare** (*to do, to make*) is an irregular verb, but it is used a lot. The **io** and **noi** forms follow the Latin infinitive "facere." The third-person plural **fanno** doubles the **-n-** as it does in verbs like **dare** (**danno**), **stare** (**stanno**), and **sapere** (**sanno**).

The following is the complete conjugation of the present tense of **fare**:

io	**faccio**	*I make, do*
tu	**fai**	*you make, do*
lui, lei	**fa**	*he/she makes, does*
noi	**facciamo**	*we make, do*
voi	**fate**	*you make, do*
loro	**fanno**	*they make, do*

In the right context, to state someone's profession, the verb **fare** followed by the definite article and the profession is used.

Faccio il dottore.	*I am a doctor.*
Faccio l'idraulico.	*I am a plumber.*

esercizio 1-28

*Fill in the spaces with the correct form of **fare**.*

1. Che cosa (tu) _____ oggi?

2. Io _____ il dottore.

3. Tu _____ il bagnino.

4. Lui non _____ niente.

5. I ragazzi _____ molti progetti per l'avvenire.

6. Lei _____ la cuoca.

7. Voi _____ la villeggiatura al mare.

8. Loro _____ gli esercizi.

9. Noi non _____ il pranzo per tutti.

When asked what he/she does, a student could reply:

  Io studio. Or just, **Studio.** *I study.*

To state what kind of school he/she attends, the student would reply:

Faccio il liceo.	*I attend high school.*
Faccio l'università.	*I go to college.*

To indicate a major in college one would say:

Faccio italiano.	*I am majoring in Italian.*
Fai scienze politiche.	*You are majoring in political science.*

esercizio 1-29

*Complete the following sentences with the correct form of **fare**.*

1. Che scuola fai quest'anno? (io) _____ il liceo.

2. Che anno fa tuo cugino? (lui) _____ il terzo anno di università.

3. Lei _____ l'università a Pisa.

4. Lui _____ medicina.

5. Noi _____ l'ultimo anno di scuola tecnica.

6. Voi non _____ l'università.

7. Loro non _____ italiano.

8. Vuoi _____ l'università?

9. Vogliamo _____ informatica.

Sapere and Conoscere (to Know)

Both **sapere** and **conoscere** mean *to know*, but they are used differently. First, we will look at **sapere**—its meaning and uses.

Sapere

Sapere means *to know something, facts, information*. If followed by an infinitive, it means *to know how*. It is an irregular verb.

The following is the complete conjugation of the present tense of **sapere**:

io	**so**	*I know*
tu	**sai**	*you know*
lui, lei	**sa**	*he/she knows*
noi	**sappiamo**	*we know*
voi	**sapete**	*you (pl.) know*
loro	**sanno**	*they know*

Sai che cosa desidero?	**Do you know** what I would like?
No, non lo **so**.	No, I don't **know** it.
So il tuo numero di telefono.	**I know** your telephone number.
Mio marito **sa** giocare a tennis.	My husband **knows how** to play tennis.

esercizio 1-30

*Fill in the blanks with the correct form of **sapere**.*

1. Tu _____ a che ora finisce la lezione?

2. No, io non lo _____.

3. Tu non _____ se piove o nevica.

4. Lui non _____ dove sono le chiavi di casa.

5. Lei _____ dov'è la banca.

6. Noi _____ a che ora aprono i negozi.

7. Voi _____ quanti studenti ci sono in questa classe.

8. Loro _____ come ti chiami.

> **Sapere che**: In English one can say either *I know that he likes to read* or *I know he likes to read*. In Italian it is necessary to include the pronoun **che** (*that*) and follow it with a complete sentence.

> **So che** ti piace mangiare il gelato dopo cena.
> *I know that you like to eat ice cream after dinner.* or *I know you like to eat ice cream after dinner.*

| esercizio | 1-31 |

Translate the following sentences into Italian.

1. I know that you like to sleep after lunch.

   _____

2. You know that I am tired.

   _____

3. He doesn't know that I am leaving tomorrow.

   _____

4. You know where to eat in the city.

   _____

5. We know that the train did not leave on time.

   _____

6. You (pl.) don't know that I have two brothers.

   _____

7. They know that you are scared of the dark.

   _____

8. Do you know that she is getting married?

   _____

Sapere + infinitive: If you *know how to do something*, in Italian, conjugate **sapere** and add the infinitive after it. In English *how* is used after *to know*. In Italian it is omitted.

Lei **sa** parlare lentamente.   *She **knows** how to speak slowly.*
Non sa guidare.   *He **doesn't know** how to drive.*

esercizio	1-32

Translate the following sentences into Italian.

1. I know how to read fast.

_____

2. You don't know how to speak Spanish.

_____

3. She knows how to cook very well.

_____

4. He knows how to open the door.

_____

5. We know how to go downtown.

_____

6. You (pl.) know how to use the computer.

_____

7. They know how to swim.

_____

8. They don't know how to play golf.

_____

Conoscere

Conoscere (*to know*) states familiarity or acquaintance with places, things, and people. It is always followed by a direct object. It also means *to make the acquaintance* or *to meet*.

Conoscere + a location (*to know a place*), + a person (to know someone): Whether you know a place or a person very well or very little, **conoscere** has to be used. If you know a place well, you will add **molto bene** to your sentence. If you do not know it well, you will add **poco** or **non molto bene**.

Io **conosco** bene quella ragazza.   *I **know** that girl very well.*
Io **non conosco** molto bene Firenze.   *I **don't know** Florence well.*
Vorrei conoscere quella ragazza.   *I **would like to meet** that girl.*

The following is the complete conjugation of the present tense of **conoscere**:

io	**conosco**	*I know*
tu	**conosci**	*you know*
lui, lei	**conosce**	*he/she knows*
noi	**conosciamo**	*we know*
voi	**conoscete**	*you (pl.) know*
loro	**conoscono**	*they know*

esercizio   **1-33**

Translate the following sentences into Italian.

1. I know Maria.

   _____

2. I know a good tennis coach.

   _____

3. My brother knows many people.

   _____

4. She knows my sister.

   _____

5. We do not know your friend.

   _____

6. You (pl.) know Mary and Albert.

   _____

7. You know him very well.

   _____

8. Do you know them well?

   _____

9. I know New York.

   _____

10. I don't know Chicago.

    _____

11. You know Africa well.

    _____

12. Does she know Africa?

_____

13. We know our city.

_____

14. You (pl.) know this restaurant well.

_____

15. They know his story.

_____

16. They don't know his story.

_____

Conoscere + a noun: *to be very knowledgeable in one's occupation*. In this case, **conoscere** has to be used and not **sapere**.

| esercizio | 1-34 |

A. *Translate the following sentences into Italian.*

1. The chef knows Italian cuisine.

_____

2. The podiatrist knows feet well.

_____

3. The teacher knows the curriculum well.

_____

4. The pilot knows the plane.

_____

5. The tailor knows his trade.

_____

6. The doctor knows the human body.

_____

7. The architect knows the city of Vicenza.

_____

8. The coach knows the players.

_____

B. *Fill in the blanks using the correct form of* **sapere** *or* **conoscere**.

1. Maria _____ suonare il piano.

2. Gli studenti _____ contare fino a cento.

3. Tu _____ nuotare bene.

4. Voi _____ dove andare.

5. Io _____ una bella poesia.

6. La mamma _____ molte cose.

7. Tu non _____ andare in bicicletta.

8. Lei non _____ che io la guardo sempre.

9. Maria _____ molte persone.

10. Gli studenti _____ il cantante.

11. Tu _____ uno sciatore.

12. Voi _____ bene la città.

13. Io _____ un bravo poeta.

14. Mia mamma ti _____ bene.

15. Tu non _____ nessuno.

16. Lei non _____ quel ragazzo.

Suonare and Giocare (to Play)

Suonare is used when one is playing an instrument. **Giocare** refers to playing with a toy, a game, or gambling. The following is a list of games one can play and instruments to play with, using the appropriate verb. Note the addition of the preposition **a** + the article before the name of the game to be played.

giocare al calcio	*to play soccer*	**suonare** il violino	*to play the violin*
giocare al golf	*to play golf*	**suonare** il piano	*to play the piano*
giocare al tennis	*to play tennis*	**suonare** la chitarra	*to play the guitar*
giocare al pallacanestro	*to play basketball*	**suonare** il campanello	*to ring the doorbell*
giocare alle carte	*to play cards*	**suonare** il flauto	*to play the flute*
giocare al biliardo	*to play billiards*	**suonare** la fisarmonica	*to play the harmonica*
giocare al Monopoly	*to play Monopoly*	**suonare** la radio	*to play the radio*
giocare al nascondino	*to play hide-and-seek*	**suonare** il giradischi	*to play the record player*

| **esercizio** | **1-35** |

Fill in the spaces below using the correct form of **suonare** *or* **giocare**.

1. Mio padre _____ la chitarra.

2. Io _____ al tennis alla mattina e _____ il piano alla sera.

3. Mi piace _____ alle carte, ma preferisco _____ la radio.

4. Il signor Giovanni _____ troppo spesso al billiardo.

5. Alla festa la banda _____ la chitarra e la fisarmonica.

6. Il mio amico _____ molto bene il violino.

7. I ragazzi _____ al Monopoly tutti i giorni dopo la scuola.

8. Noi _____ al tennis tutti i fini settimana.

9. Mi piace guardare le persone che _____ al golf.

The Modal Verbs *Volere* (to Want, to Wish), *Potere* (to Be Able, Can), and *Dovere* (to Have to, Must)

Volere (*to want, to wish*), **potere** (*to be able, can*), and **dovere** (*to have to, must*) are helping verbs also called modal verbs and they are generally followed by an infinitive. Below are the complete conjugations of these verbs.

	volere (*to want, to wish*)	potere (*to be able, can*)	dovere (*must, to have to*)
io	**voglio**	**posso**	**devo (debbo)**
tu	**vuoi**	**puoi**	**devi**
lui/lei	**vuole**	**può**	**deve**
noi	**vogliamo**	**possiamo**	**dobbiamo**
voi	**volete**	**potete**	**dovete**
loro	**vogliono**	**possono**	**devono (debbono)**

When responding, these verbs can be used without the infinitive.

Puoi aspettare Maria?   *Can you wait for Maria?*
No, non posso.   *No, I can't.*

The modal verbs are conjugated with **avere** in compound tenses if the infinitive following the modal verb is transitive, with **essere** if the infinitive is intransitive.

Maria **ha dovuto** pagare.   *Maria **had to** pay.*
Maria **è dovuta andare** pagare.   *Maria **had to go** to pay.*

esercizio	1-36

Translate the following sentences into Italian.

1. I want to go to the movies.

   _____

2. You have to make a reservation.

   _____

3. He wants to study art.

   _____

4. My cousin (f.) wants to see Venice.

   _____

5. We can stay at home tonight.

   _____

6. You (pl.) want to drink a cup of tea.

   _____

7. They have to walk downtown.

   _____

8. I want to clean the house.

   _____

9. We can wait for the bus.

   _____

10. I don't want to write a letter.

    _____

11. He doesn't have to study.

    _____

12. We cannot go by train.

    _____

esercizio   **1-37**

Translate the following questions into Italian.

1. Can you come to my house?

   _____

2. Can he finish his job?

   _____

3. Can she go with me?

   _____

4. Do you want to walk?

   _____

5. Do you (pl.) want to listen to the radio?

   _____

6. Do they want to go to bed?

   _____

7. Does he have to study?

   _____

8. Does she have to buy a new dress?

   _____

9. Do we have to buy a car?

   _____

10. Do you (pl.) have to go?

    _____

11. Do they have to study?

    _____

12. Do we have to write a letter?

    _____

13. Do Maria and Pietro have to sing?

    _____

Lasciare, Partire, Uscire, and *Andare Via* (to Leave)

All these verbs mean to *leave* a person, a thing, or a place, but they cannot be used interchangeably. The following explanations show how they are each used.

- **Lasciare** means *to leave* (someone or something) *behind*. It is always followed by a noun.

  Gina vuole **lasciare** la porta aperta.   *Gina wants **to leave** the door open.*

- **Partire** means *to leave* in the sense of *departing* or *going on a trip*. It is used either alone or followed by **da** + a noun (*leaving from*) or **per** + a noun (*leaving for*).

  Lo zio Giovanni **parte da** Roma.   *Uncle Giovanni **is leaving from** Rome.*
  Lo zio Giovanni **parte per** Roma.   *Uncle Giovanni **is leaving for** Rome.*

- **Uscire** means *to leave* (going out from a place or going out with someone). It is followed by **da** when the place one leaves is mentioned.

  A che ora **esci da** scuola?   *At what time **do you leave** school?*
  Maria **esce con** Giovanni.   *Maria **is going out with** Giovanni.*

- **Uscire** is also used with the expression **andare via**. Notice the idiomatic expression **uscire di casa**, *to leave the house*.

  È tardi, devo **andare via**!   *It is late, I **must leave**!*
  Esco di casa molto presto.   *I **leave home** very early.*

| esercizio | 1-38 |

Complete each sentence with the appropriate verb.

1. Gli zii vogliono _____ (lasciare/partire) con il treno.

2. Perchè _____ (lasci/esci) bambini in macchina?

3. Chi _____ (parte/esce) domani?

4. L'autobus _____ (parte/lascia) la stazione ogni quindici minuti.

5. A che ora _____ (esce/parte) di casa la mattina?

6. Quando _____ (parti/lasci) questo paese?

7. A che ora _____ (escono/lasciano) da scuola i ragazzi?

8. Io _____ (lascio/esco) il portafoglio a casa.

9. Lo zio di Marco _____ (parte/lascia) da Roma.

10. Laura _____ (esce/lascia) con Giovanni.

11. Gina vuole _____ (lasciare/partire) il marito.

12. È quasi mezzanotte. Dobbiamo _____ (partire/andare via).

13. È ora di _____ (uscire/andare via) di casa.

14. Tu _____ (esci, vai via) di casa con me?

esercizio   1-39

A. *Fill in the spaces using the verbs in parentheses in the correct form.*

1. Io non _____ (sapere) la lezione.

2. Tu _____ (sapere) molte lingue.

3. Quando _____ (partire) per le vacanze?

4. Noi _____ (potere) studiare in biblioteca.

5. Oggi io non _____ (fare) niente.

6. Loro _____ (andare) spesso in Italia.

7. Quando _____ (tu-partire) per le vacanze?

8. Voi _____ (dovere) studiare di più.

9. Io _____ (conoscere) quella persona.

10. Mio fratello _____ (fare) il dottore da quindici anni.

11. Tu _____ (vivere) negli Stati Uniti da venti anni.

12. Sono quattro mesi che io non _____ (vedere) la mia amica.

13. Maria _____ (essere) in Italia da molto tempo.

14. I genitori di Antonio _____ (essere) al cinema.

15. Antonio _____ (sapere) suonare il violino.

16. Lui _____ (fare) il cuoco.

17. Tu _____ (conoscere) la strada del parco.

18. Con chi _____ (andare) in vacanza quest'anno?

19. Maria _____ (partire) domani alle otto di sera.

20. Tu _____ (lasciare) sempre la porta aperta.

B. Fill in the spaces with the correct verb form, using the verbs provided below. Then translate into English, using the vocabulary words provided on the next page.

è	**è**	**ha**	**vive**	**è**
è	**sa**	**è**	**usa**	**visitano**
agevola	**viaggiano**	**devono**	**visitano**	**sono**

Il Papa _____ una persona molto importante. _____ il capo spirituale della

Chiesa Cattolica nel mondo. Il Papa _____ una posizione di grande responsabilità.

_____ in Vaticano, che _____ un piccolo stato indipendente in Italia, a

Roma. Di solito _____ di origine italiana, ma ultimamente sono stati eletti papi,

cardinali stranieri. Il Papa di solito _____ diverse lingue oltre all'italiano che

_____ la lingua ufficiale in Vaticano e al latino che si _____ durante le

cerimonie religiose. Inoltre molti capi di stato, presidenti, governatori, re, ecc. _____

Roma e il Papa conoscendo di altre lingue li _____ molto. Oggi i papi

_____ molto anche in paesi molto lontani, per riuscire a conoscere meglio la gente

di tutto il mondo e _____ parlare la lingua del paese che _____. I papi sono

eletti dal corpo cardinalizio e non _____ mai molto giovani quando vengono scelti.

_____

_____

_____

_____

_____

_____

_____

_____

_____

vocabolario			
capo spirituale	spiritual leader	**origine**	origin
cerimonie	ceremonies	**straniero**	foreigner
corpo cardinalizio	cardinals	**ufficiale**	official
gente	people	**vengono**	come

C. Translate the following into Italian.

Do you know Venice?

Venice is a beautiful city built on water. There are no cars in Venice. Boats and gondolas transport the locals and the tourists through canals.

In the center of Venice you can admire the splendid San Marco Square, San Marco's Church, and the Doge's Palace. The buildings are very ornate and of extraordinary beauty.

Venice is not only a tourist attraction, but also a cultural center. People from around the world go to Venice to see the annual historical Regatta, where over three hundred participants in beautiful costumes bring back memories of ancient times.

_____

_____

_____

_____

_____

_____

_____

_____

_____

_____

vocabolario			
admire	**ammirare**	ornate	**ornati**
canals	**canali**	participant	**partecipante**
historical	**storico**	splendid	**splendida**

The Imperative (*Imperativo*)

The imperative is used to give advice, warnings, orders, and exhortations. It does not have the **io** (*I*) form. In Italian there are two different types of imperative: familiar and formal.

First, let's take a look at the familiar imperative. The forms of the familiar imperative of regular verbs are the same as the ones of the present indicative, except in the **tu** form of the **-are** verbs. These change the final **-i** of the present to **-a** (**Guarda** cosa fai! *Watch what you are doing!*).

The following is the complete conjugation of the familiar imperative forms of **-are**, **-ere**, and **-ire** verbs in the positive and negative forms:

	parlare (*to speak*)	**scrivere** (*to write*)	**sentire** (*to hear*)	**finire** (*to finish*)
tu	parla!	scrivi!	senti!	finisci!
noi	parliamo!	scriviamo!	sentiamo!	finiamo!
voi	parlate!	scrivete!	sentite!	finite!

Parla con lei!	Speak with her!
Scrivi a Maria!	Write Maria!
Finite la lezione!	Finish the lesson!

The **noi** form of the imperative is the same as the **noi** form of the present tense and it corresponds to the English *let's* + verb.

Mandiamo una cartolina ai nostri amici!	*Let's send a postcard to our friends!*

In the negative, the **non** stands in front of the verb. (**Non andate!** *Don't go!*). The negative imperative of the **tu** form uses the infinitive of the verb. The **non** precedes the verb. (**Non mangiare** troppo! *Do not eat too much!*). The negative imperative for **noi** and **voi** forms places **non** in front of the **noi** and **voi**.

tu	**non parlare!**	**non scrivere!**	**non sentire!**	**non finire!**
noi	**non parliamo!**	**non scriviamo!**	**non sentiamo!**	**non finiamo!**
voi	**non parlate!**	**non scrivete!**	**non sentite!**	**non finite!**

Non parlare con lei!   ***Don't speak*** *with her!*
Non scrivete a Maria!   ***Don't write*** *Maria!*
Non finiamo la lezione!   ***Don't finish*** *the lesson!*

---

esercizio   2-1

Complete the sentences by conjugating the verbs in parentheses.

1. Giovanni, _____ (tu-scrivere) il libro!

2. _____ (noi-prendere) un espresso!

3. Ragazzi, _____ (voi-leggere) la lettera!

4. Ragazzi, _____ (voi-scrivere) la cartolina!

5. Ragazzi, _____ (voi-parlare) piano!

6. Ragazze, _____ (non-parlare) ascoltate la musica!

7. _____ (tu-guardare) la partita di tennis oggi!

8. _____ (non-guardare) la televisione!

The following verbs have irregular forms in the familiar imperative of **tu** and **voi**:

Infinitive	**Familiar Singular** (**tu**-*you*)	**Familiar Plural** (**voi**-*you*)
andare (*to go*)	**Vai** or **Và!**	**Andate!**
dare (*to give*)	**Dai** or **Dà!**	**Date!**
stare (*to stay*)	**Stai** or **Stà!**	**State!**
avere (*to have*)	**Abbi!**	**Abbiate!**
essere (*to be*)	**Sii!**	**Siate!**
dire (*to say, tell*)	**Dì!**	**Dite!**
fare (*to do, make*)	**Fai** or **Fà!**	**Fate!**
sapere (*to know*)	**Sappi!**	**Sappiate!**

---

esercizio   2-2

Translate the following sentences into Italian.

1. Be kind to the elderly! (tu) _____

2. Don't tell lies! (tu) _____

3. Don't tell lies! (voi) _____

4. Be quiet! (tu) _____

5. Be quiet! (voi) _____

6. Give bread to the poor! (tu) _____

7. Stay at home! It is too cold. (tu) _____

8. Be patient with the students! (tu) _____

9. Don't be too patient with the students! (tu) _____

esercizio	2-3

Change the following commands into the negative.

1. Vieni a casa! _____

2. Venite a casa! _____

3. Mangia tutta la pasta! _____

4. Leggi il libro! _____

5. Dormi di più! _____

6. Dormite di più! _____

7. Guarda la televisione! _____

8. Mangiamo in fretta! _____

9. Vendi la tua casa! _____

esercizio	2-4

*Translate the first sentence and then in the sentences that follow change the infinitives into the imperative of the familiar singular **tu**. Explain how I can help you plan your father's birthday party.*

Domenica prossima è il compleanno di tuo padre e vuoi fare una festa. Ecco che cosa devo fare per

aiutarti: _____

_____

1. Mandare gli inviti agli amici. _____

2. Andare al supermercato. _____

3. Comprare le bibite. _____

4. Preparare i panini. _____

5. Mettere tutto nel frigorifero. _____

6. Fare la torta. _____

7. Mettere le sedie in giardino. _____

8. Ricevere gli ospiti. _____

9. Dopo la festa, pulire tutto. _____

esercizio   2-5

Use the irregular verbs in parentheses in the correct form of the imperative, to give advice to your friend.

1. _____ (avere) pazienza!

2. _____ (stare) attenta!

3. _____ (stare) calma!

4. Non _____ (essere) nervosa!

5. _____ (fare) attenzione!

6. Non _____ (dare) l'idea che sei stanca!

7. _____ (essere) sicura di quello che dici!

8. _____ (fare) tutto quello che puoi!

9. Non _____ (dare) l'idea di sapere tutto!

The verbs that add **-isc** in the present indicative also add **-isc** to the stem of the second-person singular of the imperative.

	finire	**capire**
	(*to finish*)	(*to understand*)
tu	**finisci!**	**capisci!**
noi	**finiamo!**	**capiamo!**
voi	**finite!**	**capite!**

Tu **finisci** la lezione.	*You finish the lesson.*
Finisci la lezione!	*Finish the lesson!*

esercizio	2-6

Change the following verbs from the present indicative to the positive and negative imperative in the correct forms.

	Positive	**Negative**
1. Tu dimentichi.	_____!	_____!
2. Tu spendi.	_____!	_____!
3. Noi spendiamo.	_____!	_____!
4. Tu lavori.	_____!	_____!
5. Voi lavorate.	_____!	_____!
6. Noi ricordiamo.	_____!	_____!
7. Tu leggi.	_____!	_____!
8. Tu entri.	_____!	_____!
9. Noi entriamo.	_____!	_____!
10. Tu pulire.	_____!	_____!

Formal Commands

Formal commands are used with **Lei** and **Loro**. You use these forms with people you do not know well, or people who are older than you. They are formed from the root of the first-person singular of the present indicative, which serves as the root for the formal commands. The formal pronouns **Lei** and **Loro** are usually omitted.

Infinitive	**Singular Formal Command (Lei)**	**Plural Formal Command (Loro)**
cantare	**Canti!**	**Cantino!**
parlare	**Parli!**	**Parlino!**
guardare	**Guardi!**	**Guardino!**
scrivere	**Scriva!**	**Scrivano!**
vendere	**Venda!**	**Vendano!**
dormire	**Dorma!**	**Dormano!**
sentire	**Senta!**	**Sentano!**
finire	**Finisca!**	**Finiscano!**

In the negative form the **non** is placed in front of the verb.

Non guardi! *Don't look!*

esercizio	2-7

Translate the following expressions into Italian.

1. Ma'am, look at me! _____

2. Mr. Smith, don't sleep too long! _____

3. Mrs. Smith, finish all your medicine! _____

4. Please, sing for me! _____

5. Speak with the manager! _____

6. Don't sell the bad fruit! _____

7. Don't always look from the window! _____

8. Mr. and Mrs. Smith, wait for me! _____

9. Mr. and Mrs. Smith, open the windows! _____

The Imperative with Object Pronouns and Reflexive Pronouns

Object pronouns and reflexive pronouns are attached to the end of the verb in **tu**, **noi**, and **voi** forms.

Scrivi**la**!	*Write **it**!*
Scriviamo**la**!	*Let's write **it**!*
Scrivete**la**!	*Write **it**! (pl.)*
Sveglia**ti**!	*Wake up!*
Svegliamo**ci**!	***Let's** wake up!*
Svegliate**vi**!	*Wake up! (pl.)*
Leggi**lo**!	*Read **it**!*
Leggiamo**lo**!	***Let's** read **it**!*
Leggete**lo**!	*Read **it**! (pl.)*

Object pronouns and reflexive pronouns come before the verb in the **Lei** and **Loro** forms.

La scriva!	*Write **it**!*
La scrivano!	*Write **it**!*
Si svegli!	*Wake up!*
Si sveglino!	*Wake up!*
Lo legga!	*Read **it**!*
Lo leggano!	*Read **it**!*

In the negative, object pronouns and reflexive pronouns remain unchanged in the **Lei** and **Loro** forms but are placed either before the verb or attached to the end of the verb in the informal commands.

Non la scriva!	***Don't write it!***
Non si svegli!	***Don't wake up!***

But you say:

Non la scrivere! *or* **Non** scriver**la**!
Non ti svegliare! *or* **Non** svegliar**ti**!
Non la scrivete! *or* **Non** scrivete**la**!
Non vi svegliate! *or* **Non** svegliate**vi**!

When **dà, dì, fà, stà,** and **và** are followed by an object pronoun (**la, le, mi, ti, ci**), except for **gli** (*to him*), the consonant of the pronoun is doubled as follows: da**lle** (*give her*), not da**le**; di**lle** (*tell her*), not di**le**; fa**mmi** (*do . . . me*), not fa**mi**; va**mmi** (*go . . . me*), not **vami**; but do not double the following: da**gli**, di**gli**, fa**gli**, sta**gli,** va**gli**.

Da**gli** il libro!	*Give **him** the book!*
Di**gli** la storia!	*Tell **him** the story!*
Fa**gli** la cortesia!	*Do **him** the courtesy!*
Sta**gli** vicino!	*Stay near **him!***
Va**gli** a portare il libro!	*Go and bring **him** the book!*

With the **tu** form, the pronoun can be attached or can precede the infinitive. The consonant is not doubled.

Non dar**mi** quel libro! *or* **Non mi** dare quel libro!	***Don't give me** that book!*

Additional Ways of Using the Imperative

Following are additional rules to help when using the imperative:

- Infinitives are often used when giving instructions, recipes, notices, etc.

Scaldare il forno!	***Preheat** the oven!*
Spegnere il motore!	***Turn off** the motor!*

- **È vietato** + infinitive

È vietato parcheggiare!	*Parking **is forbidden!***
È vietato entrare!	*Entering **is forbidden!***

- **Divieto** + a noun

Divieto di sosta!	*Stopping **not allowed!***
Divieto di sorpasso!	*No passing!*

esercizio 2-8

Translate the following expressions into Italian.

1. Eat in that restaurant! (tu) _____

2. Return home early! (tu) _____

3. Do not dance! (tu) _____

4. Do not dance! (voi) _____

5. Let's pack! _____

6. Be patient! (tu) _____

7. Be patient! (voi) _____

8. Eat quickly! (tu) _____

9. Let's eat quickly! _____

esercizio 2-9

Rewrite the following negative commands in the positive.

1. Non dire tutto! _____

2. Non telefonate tardi! _____

3. Non leggete il giornale! _____

4. Non essere sgarbato! _____

5. Non ritornare tardi! _____

6. Non urlare! _____

7. Non urliamo! _____

8. Non scrivere a mia nonna! _____

9. Non bevete acqua ghiacciata! _____

esercizio   **2-10**

Rewrite the following sentences in the negative.

1. Parla piano! _____

2. Parli piano! _____

3. Parlate piano! _____

4. Parlino piano! _____

5. Stà zitto! _____

6. Fai il caffè! _____

7. Fate il caffè! _____

8. Dammi la mano! _____

9. Dagli i soldi! _____

esercizio   **2-11**

Change the following sentences from informal to formal commands.

1. Vieni qui! _____

2. Scrivi la lezione! _____

3. Credi in te stesso! _____

4. Parla poco! _____

5. Svegliati presto! _____

6. Finisci la colazione! _____

7. Lavora di più! _____

8. Scendi dalle scale! _____

9. Dammi quella mela! _____

esercizio   2-12

Translate the following sentences into Italian.

1. You need money. Go to the bank!

   _____

2. You have a headache. Take an aspirin!

   _____

3. You are afraid to travel by plane. Go by train!

   _____

4. It is your mother's birthday. Buy her a gift!

   _____

5. You walk for ten minutes a day. Walk more!

   _____

6. You eat too late at night. Eat earlier!

   _____

7. You get up late on Saturdays. Get up earlier!

   _____

8. You are tired. Rest!

   _____

9. You are not hungry. Don't eat!

   _____

esercizio   2-13

Carlo is leaving for a business trip. He needs his wife's help. Complete the sentences below.

Wife: _____ (ascoltare) Carlo, non (dimenticare) _____ di prendere il

passaporto!

Carlo: Va bene, grazie.

Wife: Non _____ (dimenticare) le cravatte!

Carlo: Va bene! Ma adesso _____ (dare) una mano, altrimenti faccio tardi! Per

favore _____ (tu-mettere) i pantaloni, le camice, e i calzini in valigia! _____

(Preparare) la colazione per favore!

Wife: Va bene, e poi che cosa devo fare?

Carlo: Mentre io faccio colazione, _____ (tu-chiamare) un tassì. Dopo che io sono

partito, _____ (tu sedersi), _____ (chiamare) le tue amiche,

_____ (bere) il caffè con loro e _____ (andare) al cinema!

Reflexive Verbs
(Verbi Riflessivi)

Reflexive verbs are transitive verbs that express an action reflecting back to the subject. The subject and the object are the same. In this unit you will study the simple tense reflexive verbs or reflexive verbs made up of only one word and the pronoun. (Later in this book you will study the compound reflexive verbs.)

Many verbs that are reflexive in English are also reflexive in Italian, but not all are reflexive in both languages. The infinitive endings of the reflexive verbs are: **-are, arsi**; **-ere, -ersi**; and **-ire, -irsi** (the **-si** means *oneself*): alzar**si** (*to get up*), seder**si** (*to sit down*), divertir**si** (*to have fun*). As you can see, the final vowel **-e** of the infinitive is dropped from the infinitive of the reflexive verbs.

Following are some common reflexive verbs (they are not all reflexive in English):

abituarsi	to get used to	**lavarsi**	to wash (oneself)
addormentarsi	to fall asleep		
alzarsi	to get up	**meravigliarsi**	to be amazed
annoiarsi	to get bored	**mettersi**	to put on, wear
chiamarsi	to be called, be named	**mettersi a**	to begin to
		prepararsi	to get ready
divertirsi	to have fun	**presentarsi**	to introduce oneself
domandarsi	to wonder		
farsi la barba	to shave	**ricordarsi**	to remember
fermarsi	to stop (oneself)	**riposarsi**	to rest
girarsi	to turn around	**sedersi**	to sit down
guardarsi	to look at oneself	**sentirsi**	to feel
lamentarsi	to complain		

Reflexive verbs are conjugated like the verbs ending in **-are**, **-ere**, and **-ire**. The reflexive pronouns must be used when conjugating a verb, unlike the non-reflexive verbs that can omit the pronouns. They are:

mi   myself
ti   yourself
si   himself, herself; yourself (form. sing.)
ci   ourselves
vi   yourselves
si   themselves; yourself (form. pl.)

Following is the complete conjugation of the present simple tense of some reflexive verbs:

	alzarsi (*to get up*)	**mettersi** (*to put on, wear*)	**divertirsi** (*to have fun*)
mi	alz**o**	mett**o**	divert**o**
ti	alz**i**	mett**i**	divert**i**
si	alz**a**	mett**e**	divert**e**
ci	alz**iamo**	mett**iamo**	divert**iamo**
vi	alz**ate**	mett**ete**	divert**ite**
si	alz**ano**	mett**ono**	divert**ono**

Positioning of Reflexive Pronouns

The reflexive pronouns **mi**, **ti**, **si**, **ci**, **vi**, and **si** always precede the indicative form. The endings of the verb are not affected by the reflexive pronouns in the simple tenses.

Io **mi alzo** presto.   ***I get up*** *early.*

---

esercizio   **3-1**

Write the correct form of the following reflexive verbs, using the words in parentheses.

1. alzarsi (tu, lei, voi) _____

2. svegliarsi (Giovanni, noi, loro) _____

3. addormentarsi (i bambini, io, tu) _____

4. lavarsi (Carlo, Maria, i nostri cugini) _____

5. vestirsi (io, tu, loro) _____

6. riposarsi (Rita, Giovanni, noi) _____

7. svegliarsi (Edoardo) _____

8. divertirsi (noi) _____

9. vestirsi (loro) _____

If the infinitive is preceded by **dovere**, **potere**, or **volere**, the reflexive pronoun may precede or be attached to the infinitive.

Mi voglio **svegliare** presto.	*I want **to get up** early.*
Voglio **svegliarmi** presto.	*I want **to get up** early.*

esercizio	3-2

Translate these sentences into Italian, following both examples shown above.

1. I have to wake up early. _____

   _____

2. We have to wake up early. _____

   _____

3. You want to have fun with your friends. _____

   _____

4. He wants to take a shower every morning. _____

   _____

5. She must comb her hair. _____

   _____

6. I have to get dressed. _____

   _____

7. The kids can get up late. _____

   _____

8. You (pl.) have to wash your hands often. _____

   _____

9. They cannot fall asleep. _____

   _____

Reciprocal Reflexives

Reciprocal reflexives express a reciprocal action. More than one person is involved. The phrase **l'un l'altro a** or **a vicenda** (*one another, each other*) may be used to clarify the meaning of the reflexive pronoun.

Here is a list of the most commonly used reciprocal reflexives:

abbracciarsi	to embrace one another (each other)
amarsi	to love one another (each other)
baciarsi	to kiss one another (each other)
conoscersi	to know one another (each other)
incontrarsi	to meet one another (each other)
innamorarsi	to fall in love with each other
rispettarsi	to respect one another (each other)
rivedersi	to see each other again
salutarsi	to greet one another (each other)
sposarsi	to get married to each other
vedersi	to see one another (each other)
visitarsi	to visit one another (each other)

esercizio 3-3

Complete the following sentences using the present tense of the verbs in parentheses.

1. Io e te _____ (vedersi) ogni giorno.

2. Noi _____ (incontrarsi) al cinema.

3. Carlo e Maria _____ (sposarsi) il mese prossimo.

4. I nonni _____ (volersi) bene.

5. Loro _____ (aiutarsi) sempre.

6. Voi non _____ (vedersi) spesso.

7. Tu e Maria non _____ (conoscersi) bene.

8. Io e Giovanna _____ (visitarsi) ogni settimana.

9. I miei amici _____ (amarsi) molto.

Reflexive Versus Non-Reflexive

Some verbs can be used reflexively and non-reflexively, and their meaning is also different.

Reflexive	**Non-Reflexive**
Io **mi lavo** le mani.	Io **lavo** la macchina.
I wash my hands.	*I wash the car.*

Tu **ti addormenti** al cinema.   Tu **addormenti** la bambina.
*You **fall asleep** at the movies.*   *You **put** the baby to sleep.*

Following is a list of verbs that can be used reflexively or non-reflexively. Note their change in meaning.

Reflexive		Non-Reflexive	
addormentarsi	to fall asleep	**addormentare**	to put to sleep
alzarsi	to get up	**alzare**	to lift
chiamarsi	to be called	**chiamare**	to call
farsi il bagno	to take a bath	**fare il bagno**	to give a bath
lavarsi	to get washed	**lavare**	to wash
pettinarsi	to comb one's hair	**pettinare**	to comb somebody's hair
pulirsi	to get cleaned	**pulire**	to clean up
sentirsi	to feel	**sentire**	to hear, listen
svegliarsi	to wake up	**svegliare**	to wake up someone
vestirsi	to get dressed	**vestire**	to dress someone

esercizio	3-4

Complete the following sentences using reflexive pronouns when required.

1. Io _____ diverto molto.

2. Tu _____ chiami Roberto.

3. Tu _____ chiami i bambini.

4. Lei _____ lava le mani.

5. Lui _____ lava la macchina.

6. Noi _____ puliamo la casa.

7. Noi _____ puliamo.

8. Loro _____ sentono la musica.

9. Loro non _____ sentono bene oggi.

esercizio	3-5

Fill in the spaces with the correct form of the reflexive verb. Then translate into English.

La domenica _____ (alzarsi) sempre tardi. Mi piace molto dormire. Quando

_____ (alzarsi), faccio la doccia, _____ (vestirsi) e _____

(prepararsi) per uscire e andare al parco con il mio cagnolino. Quando ritorno a casa, io e la

mia famiglia _____ (mettersi) a tavola. Mia madre prepara il pranzo e mio padre

_____ (occuparsi) del vino. Dopo pranzo vengono i nostri parenti a _____

(visitarsi). Noi _____ (divertirsi) molto quando _____ (riunirsi) e stiamo

tutti insieme.

_____

_____

_____

_____

_____

_____

_____

_____

esercizio	3-6

Choose the reflexive verbs from the list below and insert them in the sentences in the appropriate forms.

alzarsi   **ricordarsi**   **incontrarsi**   **riposarsi**   **truccarsi**
lavarsi   **divertirsi**   **vestirsi**   **farsi**

1. Carlo _____ bene.

2. Non (tu) _____ dove sono le chiavi della macchina?

3. Io _____ i capelli tre volte alla settimana.

4. Loro _____ quando vengono a casa nostra.

5. Se sei stanca, _____!

6. Io e Carlo _____ davanti alla stazione.

7. La tua amica _____ troppo.

8. Mio marito _____ la barba tutte le mattine.

9. La domenica _____ molto tardi.

Unit 4

The Future Tense (*Futuro Semplice*)

In English as well as in Italian, the future tense is used to express an action that will take place in the future, regardless of whether it is in the near future or distant future.

The future tense in Italian consists of a single verb, while in English two different words can be used: the auxiliaries *shall* or *will*, and the infinitive of the verb. The future tense of regular verbs in Italian is formed by putting the future endings on the infinitive of the verb without the final **-e-**. In the first conjugation (**-are** verbs), the **-a-** of the infinitive ending changes to **-e-** in the future tense. The endings for the **-are**, **-ere**, and **-ire** verbs are: **-ò**, **-ai**, **-à**, **-emo**, **-ete**, and **-anno**.

parlare	**scrivere**	**sentire**
Parlerò.	Scriverò.	Sentirò.
I will speak.	*I will write.*	*I will hear.*

Below is the complete conjugation of the future of the **-are**, **-ere**, and **-ire** verbs.

	parlare	**scrivere**	**sentire**
io	parler**ò**	scriver**ò**	sentir**ò**
tu	parler**ai**	scriver**ai**	sentir**ai**
lui/lei	parler**à**	scriver**à**	sentir**à**
noi	parler**emo**	scriver**emo**	sentir**emo**
voi	parler**ete**	scriver**ete**	sentir**ete**
loro	parler**anno**	scriver**anno**	sentir**anno**

Note: The first- and the third-person singular have an accent on the ending. This means that the last syllable needs to be stressed.

The verbs that add **-isc**, such as **finire** (*to finish*), **preferire** (*to prefer*), and **pulire** (*to clean*), in the present tense form the future like any other regular verb.

esercizio   4-1

Write the future tense of the verbs in parentheses in the correct forms.

1. La campana _____ (suonare) a mezzogiorno.

2. Oggi noi non _____ (guardare) la televisione.

3. Io _____ (studiare) la lezione.

4. Domani tu _____ (portare) il computer a scuola.

5. Il mese prossimo mio padre _____ (comprare) una macchina nuova.

6. Maria _____ (ascoltare) la radio.

7. Io _____ (leggere) il giornale.

8. A che ora _____ (arrivare) il treno da Roma?

9. Dove _____ (voi-dormire) questa notte?

10. Con chi _____ (voi-pranzare) oggi?

11. Noi _____ (finire) tutto il pane.

12. Voi _____ (prendere) una tazza di caffè.

13. Con chi _____ (loro-parlare) l'italiano?

14. Io non _____ (cantare) in chiesa.

esercizio   4-2

Translate the following sentences into Italian.

1. Tomorrow I will receive the book. _____

2. We will dine in a good restaurant. _____

3. I will answer your letter next week. _____

4. At what time will you arrive? _____

5. At what time will you leave? _____

6. You will sell the house. _____

7. You will not sell the house. _____

8. How many people will you invite? _____

9. I will invite only my friends. _____

10. I will visit many cities. _____

Following are additional examples of when the future tense is used:

- In Italian the future tense can be replaced by the present tense when the time of the action will take place in the near future.

   Partiamo domani mattina.   *We'll leave tomorrow morning.*

- When a dependent clause referring to something that will happen in the near future is introduced by **se** (*if*), **quando** (*when*), or **appena** (*as soon as*), the future tense is used in Italian, while in English the present tense is used.

   Scriverò **quando avrò** tempo.   *I will write **when I have** time.*

- In verbs ending in -**gare** (**pagare**, *to pay*) and -**care** (**cercare**, *to look for*), an -**h**- is added to the future tense to preserve the hard sound of the infinitive.

Infinitive: Root of the future tense:	cercare cercher-	pagare pagher-
io	cercherò	pagherò
tu	cercherai	pagherai
lui/lei	cercherà	pagherà
noi	cercheremo	pagheremo
voi	cercherete	pagherete
loro	cercheranno	pagheranno

- The verbs ending in -**ciare** (**cominciare**, *to start, begin*) and -**giare** (**mangiare**, *to eat*) drop the -**i**- before the endings of the future tense.

Infinitive: Root of the future tense:	mangiare manger-	cominciare comincer-
io	mangerò	comincerò
tu	mangerai	comincerai
lui/lei	mangerà	comincerà
noi	mangeremo	cominceremo
voi	mangerete	comincerete
loro	mangeranno	cominceranno

- As in English, the idea of the future can also be expressed in Italian by using the present tense.

   Il treno **parte** tra dieci minuti.   *The train **leaves** in ten minutes.*
   or Il treno **partirà** tra dieci minuti.   *The train **will leave** in ten minutes.*

- The future is also used to express probability or possibility.

Che ora **sarà**?	*What time **can it be**?*
Saranno le otto.	*It is **probably** eight o'clock.*
Chi *è* quella signora?	*Who **is** that lady?*
Sarà la nuova inquilina.	*She **might be** the new tenant.*

esercizio   4-3

Complete each sentence with the correct form of the verb in parentheses.

1. Quando i turisti _____ (arrivare), andranno all'albergo.

2. Quando verrà tuo cugino, _____ (noi-andare) al cinema.

3. Se tu _____ (visitare) tua zia, sarà molto contenta.

4. Quando _____ (noi-vedere) i nostri amici, parleremo del viaggio.

5. Quando _____ (tu-venire) a casa mia, ti mostrerò le foto.

6. Se _____ (io-andare) in vacanza, mi riposerò molto.

7. Se _____ (voi-spendere) molti soldi, sarete contenti.

8. Se _____ (loro-venire), saremo molto contenti.

9. Se _____ (fare) cattivo tempo, staremo a casa.

esercizio   4-4

Translate the following sentences into Italian.

1. The girls are probably at the park.

_____

2. When are you going to Italy?

_____

3. When I go to Italy, I will see the Vatican.

_____

4. When the tourists arrive, the restaurants will be very busy.

_____

5. If you visit your mother, she will be very happy.

   _____

6. When I go home, I will put on my pajamas.

   _____

7. If you come home late, the dinner will be cold.

   _____

8. When we arrive, everybody will be in bed.

   _____

9. If it snows, we'll make a snowman.

   _____

esercizio   4-5

Complete each sentence with the correct form of the future tense.

1. Io _____ (mangiare) a casa dei nonni.

2. Tu _____ (noleggiare) una macchina piccola.

3. Lui _____ (viaggiare) in aereo.

4. Lei _____ (cominciare) a parlare.

5. Io non _____ (cercare) un albergo in centro.

6. Noi _____ (cercare) un albergo in centro.

7. Voi _____ (pagare) con la carta di credito.

8. Loro _____ (cercare) la banca.

9. Io non _____ (pagare) con un assegno.

esercizio   4-6

Answer the following questions using the words in parentheses to express possibility.

1. Dove saranno le chiavi? (in casa) _____

2. Che ore saranno? (13,30) _____

3. Costa molto questa casa? (No) _____

4. A che ora rientrerai questa sera? (tardi) _____

5. Dove saranno le tue amiche? (al cinema) _____

6. Quanti anni ha quel ragazzo? (20 anni) _____

7. Quanti ragazzi ci saranno alla festa? (20) _____

8. Che tempo farà domani? (brutto) _____

9. Quante parole nuove imparerai? (molte) _____

- The prepositions **tra** (*in*) and **per** (*by*) always refer to something about to happen. They are often used with the future tense.

Le **parlerò tra** una settimana.	*I will talk to you in a week.*
Lo **finirai per** la fine di marzo.	*You will finish it by the end of March.*

- There are some verbs that have irregular roots in the future tense. But their endings are the same as they are for the future tense of the regular verbs. Following are some commonly used verbs that have irregular roots in the future tense. Note that the endings are the same as the regular future endings.

Infinitive	Future Stem	Conjugation
andare (*to go*)	**andr**	andrò, andrai, andrà, ecc.
avere (*to have*)	**avr**	avrò, avrai, avrà, ecc.
bere (*to drink*)	**berr**	berrò, berrai, berrà, ecc.
cadere (*to fall*)	**cadr**	cadrò, cadrai, cadrà, ecc.
dare (*to give*)	**dar**	darò, darai, darà, ecc.
dovere (*to have to*)	**dovr**	dovrò, dovrai, dovrà, ecc.
essere (*to be*)	**sar**	sarò, sarai, sarà, ecc.
fare (*to do, make*)	**far**	farò, farai, farà, ecc.
porre (*to put*)	**porr**	porrò, porrai, porrà, ecc.
potere (*to be able to*)	**potr**	potrò, potrai, potrà, ecc.
rimanere (*to remain*)	**rimarr**	rimarrò, rimarrai, rimarrà, ecc.
sapere (*to know*)	**sapr**	saprò, saprai, saprà, ecc.
tenere (*to keep*)	**terr**	terrò, terrai, terrà, ecc.
vedere (*to see*)	**vedr**	vedrò, vedrai, vedrà, ecc.
venire (*to come*)	**verr**	verrò, verrai, verrà, ecc.
vivere (*to live*)	**vivr**	vivrò, vivrai, vivrà, ecc.

Note: The verbs **andare** (*to go*), **avere** (*to have*), **cadere** (*to fall*), **dovere** (*to have to*), **potere** (*to be able to*), **sapere** (*to know*), **vedere** (*to see*), and **vivere** (*to live*) have a shorter root in the future. They drop the vowels -**a**- and -**e**- from the infinitive.

The verbs **bere** (*to drink*), **volere** (*to want*), **tenere** (*to keep*), **rimanere** (*to stay*), and **venire** (*to come*) have a double -**r**- (-**rr**-) in the future tense. Refer to the list above.

esercizio   4-7

Translate the following sentences into Italian.

1. Tomorrow we'll go to visit our aunt. _____

2. Next year my parents will go to Italy. _____

3. You will have an important job. _____

4. I will see them tomorrow. _____

5. We will live in Italy. _____

6. We will see our friends in a few days. _____

7. He will come to my house. _____

8. She will stay for a week. _____

9. They will not drink very much beer. _____

10. I will live for many years. _____

11. Terry will come to the office late. _____

12. We will drink mineral water. _____

13. You will see many monuments. _____

The Future Tense of *Essere*

All forms of **essere** are irregular in the future. The root is **sar-** and to this the future tense endings are added.

Infinitive:	essere
Root of the future tense:	**sar-**
io	**sarò**
tu	**sarai**
lui/lei	**sarà**
noi	**saremo**
voi	**sarete**
loro	**saranno**

esercizio	4-8

Supply the correct future forms of **essere**.

1. Io _____ a casa domani.

2. Tu _____ molto contento.

3. Lui _____ al parco.

4. Noi _____ contenti di rivederti.

5. Voi _____ in Italia per due anni.

6. Loro _____ i primi ad arrivare.

7. Io non _____ a scuola domani.

8. Tu non _____ in chiesa domenica.

9. Tu _____ in ritardo domani?

esercizio	4-9

Supply the correct forms of the future tense for the verbs suggested.

Il mese prossimo _____ (noi-andare) in vacanza. Mi piacerebbe andare alle isole

Maldive. Domani _____ (io-andare) all'agenzia di viaggi e _____ (io-

prenotare) il volo e l'albergo. Se non _____ (costare) troppo, _____ (io-

stare) in un albergo di lusso e _____ (io-andare) tutti i giorni a fare lo scuba.

_____ (io-vedere) tanti pesci colorati e tipici di quei posti. Se non _____

(essere) possibile andare alle Maldive, _____ (rimanere) in Italia e _____

(io-fare) le mie vacanze sulla spiaggia di Rimini, che è una delle più famose stazioni balneari

italiane. _____ (io-fare) il bagno tutti i giorni e _____ (stare) molto tempo

al sole, così _____ (io-ritornare) in città molto abbronzata.

The Present Perfect Tense (*Passato Prossimo*)

The present perfect tense in Italian is a compound tense, made up of more than one word, and used to express an action or an event recently completed at a definite moment in the past. It literally corresponds to the English simple past, present perfect, and emphatic past. It expresses what you have done, what has happened.

> **Io ho parlato** con Maria.　　*I spoke with Maria.*
> *I have spoken with Maria.*
> *I did speak with Maria.*

It is the tense used in conversational Italian. It is often preceded or followed by such time expressions as **ieri** (*yesterday*), **domenica scorsa** (*last Sunday*), **l'anno scorso** (*last year*), **un anno fa** (*a year ago*), and **un'ora fa** (*an hour ago*).

> **Ieri ho mangiato** da mia　　*Yesterday I ate at my mother's.*
> mamma.

The present perfect is formed by combining the present tense of **avere** or **essere** and the past participle of the verb.

We will start studying the verbs using **avere** in the present perfect, since the majority of Italian verbs use **avere**. When the present perfect is formed with **avere**, the past participle doesn't agree in gender and number with the subject. Later we'll explore the times when this rule has to be modified.

The Present Perfect with *Avere*

Verbs that take **avere** as the helping, or auxiliary, verb are in most cases transitive verbs or verbs that take a direct object and answer the question **chi?** (*whom?*) or **che cosa?** (*what?*).

Io ho mangiato la cioccolata. (che cosa?)   *I ate chocolate.* (*what?*)

The past participle of regular verbs is formed by dropping the infinitive ending and adding the ending for the present perfect to the root.

Infinitive	Endings	Past Participle
parl**are**	**-ato** for **-are** verbs	parl**ato**
vend**ere**	**-uto** for **-ere** verbs	vend**uto**
dorm**ire**	**-ito** for **-ire** verbs	dorm**ito**

Ieri ho parlato con la tua amica.   *Yesterday I spoke with your friend.*

Verbs that add **-isc** in the present tense and are conjugated like **finire** have the past participle like **dormire.**

Ho capito tutto.   *I understood everything.*

Following are the complete conjugations of the **passato prossimo** of **-are**, **-ere**, and **-ire** verbs:

	parlare (*I [have] spoken, etc.*)	vendere (*I [have] sold, etc.*)	dormire (*I [have] slept, etc.*)
io	**ho parlato**	**ho venduto**	**ho dormito**
tu	**hai parlato**	**hai venduto**	**hai dormito**
lui/lei	**ha parlato**	**ha venduto**	**ha dormito**
noi	**abbiamo parlato**	**abbiamo venduto**	**abbiamo dormito**
voi	**avete parlato**	**avete venduto**	**avete dormito**
loro	**hanno parlato**	**hanno venduto**	**hanno dormito**

All verbs ending in **-are** have regular past participle endings except for **fare: fatto** (and compounds). Note that a compound is a verb like **fare** with the addition of a prefix like **rifatto** (*remade*).

Infinitive	Past Participle
ballare (*to dance*)	**ballato**
camminare (*to walk*)	**camminato**
cantare (*to sing*)	**cantato**
fare (*to make, do*)	**fatto**
giocare (*to play*)	**giocato**
preparare (*to prepare*)	**preparato**
provare (*to try*)	**provato**
rifare (*to remake*)	**rifatto**

esercizio   **5-1**

Complete the following sentences with the correct forms of the present perfect for the verbs suggested.

1. Io _____ (parlare) con lui questa mattina.

2. Tu _____ (cantare) in chiesa.

3. Lei _____ (provare) le scarpe.

4. Lui _____ (giocare) alle carte.

5. Noi _____ (provare) i vestiti.

6. Voi _____ (camminare) sulla neve.

7. I nostri amici _____ (preparare) un ottimo pranzo.

8. Ieri _____ (io-ballare) molto.

9. I bambini _____ (giocare) con la neve.

The negative is formed by putting **non** in front of the auxiliary.

> **Non ho mangiato** niente.   *I didn't eat anything.*

The majority of verbs ending in **-ire** are regular with the exception of **dire** (*to say, tell*), **detto**; **morire** (*to die*), **morto**; **venire** (*to come*), **venuto**; **scomparire** (*to disappear*), **scomparso**; **aprire** (*to open*), **aperto**; **offrire** (*to offer*), **offerto**.

> Io **ho detto** tutta la verità.   *I told the truth.*

Note: **morire** and **venire** form the present perfect with **essere**. See Unit 6.

There are large numbers of verbs that have irregular past participles. The following list is for you to use as a general guideline and to help you group together the verbs with irregular past participles.

> Verbs ending in **-durre** follow the pattern of **tradurre** (*to translate*): **tradotto**.
> Verbs ending in **-arre** follow the pattern of **attrarre** (*to attract*): **attratto**.
> Verbs ending in **-orre** follow the pattern of **comporre** (*to compose*): **composto**.
> Verbs ending in **-endere** follow the pattern of **prendere** (*to take*): **preso**.
> Verbs ending in **-eggere** follow the pattern of **leggere** (*to read*): **letto**.
> Verbs ending in **-idere** follow the pattern of **ridere** (*to laugh*): **riso**.
> Verbs ending in **-udere** follow the pattern of **chiudere** (*to close*): **chiuso**.

Verbs ending in **-scere** and **-cere** have the past participle **-iuto** as in **conosciuto** (*known*) and **piaciuto** (*liked*). Some exceptions include **nascere** (*to be born*), **nato,** and **vincere** (*to win*), **vinto**.

esercizio	5-2

Complete the following sentences with the present perfect of the verb in parentheses.

1. Io _____ (tradurre) la lettera.

2. Tu _____ (comporre) della musica molto bella.

3. Lui _____ (prendere) un caffè.

4. Lei _____ (leggere) molti libri.

5. Noi _____ (ridere) tutta la sera.

6. Voi _____ (chiudere) la porta e le finestre.

7. Loro _____ (conoscere) la vostra amica.

8. I nostri amici _____ (vincere) la partita.

9. Io _____ (non leggere) il giornale.

10. Tu _____ (non chiudere) la porta.

Note: **nascere** forms the present perfect with **essere**. See Unit 6.

Many Italian verbs, especially **-ere** verbs, have irregular past participles.

Following is a list of the ones most commonly used:

accendere	to turn on	**acceso**
aggiungere	to add	**aggiunto**
appendere	to hang	**appeso**
assumere	to hire	**assunto**
bere	to drink	**bevuto**
chiedere	to ask	**chiesto**
chiudere	to close	**chiuso**
comprendere	to understand	**compreso**
confondere	to confuse	**confuso**
conoscere	to know	**conosciuto**
convincere	to convince	**convinto**
correggere	to correct	**corretto**
correre	to run	**corso**
cuocere	to cook	**cotto**
decidere	to decide	**deciso**
discutere	to discuss	**discusso**
dividere	to divide	**diviso**
eleggere	to elect	**eletto**
leggere	to read	**letto**
mettere	to put	**messo**
nascondere	to hide	**nascosto**
perdere	to lose	**perso**
piangere	to cry	**pianto**
prendere	to take, get	**preso**
promettere	to promise	**promesso**
ridere	to laugh	**riso**
rispondere	to answer	**risposto**
scrivere	to write	**scritto**
spegnere	to turn off	**spento**
vedere	to see	**visto**
vincere	to win	**vinto**
vivere	to live	**vissuto**

esercizio	5-3

Translate the following sentences into Italian using the present perfect.

1. I answered your letter. _____

2. You drank a glass of wine. _____

3. You cooked a good dinner. _____

4. We elected a new president. _____

5. He has read the newspaper. _____

6. The dog hid the ball. _____

7. She cried all day long. _____

8. He didn't answer my letter. _____

9. She laughed all day long. _____

10. You (pl.) turned off the television. _____

11. We won the soccer game. _____

esercizio	5-4

Rewrite the following sentences in the present perfect.

1. Maria canta bene. _____

2. Leggiamo il libro. _____

3. Mangio con i miei genitori. _____

4. Voi scrivete una storia molto lunga. _____

5. Il bambino piange sempre. _____

6. Noi facciamo molte cose. _____

7. Voi capite bene la lezione. _____

8. Loro ballano tutta la sera. _____

9. Tu non accendi la luce. _____

10. Lui prende il raffreddore. _____

Agreement of the Past Participle with Verbs Conjugated with *Avere* in the Present Perfect

Following are the rules to remember when using the past participle of a verb used with **avere**:

- The past participle must agree with the direct object pronoun **lo** (*him*), **la** (*her*), **li** (*them*), or **le** (*them*) preceding the verb.

    Avete comprato il pane? No, non **lo** abbiamo comprat**o**.
    *Did you buy the bread? No, we didn't buy **it**.*

    Avete comprato i fiori? Si, **li** abbiamo comprat**i**.
    *Did you buy the flowers? Yes, we bought **them**.*

    Hai visto mia sorella? No, non **l'(la)** ho vist**a**.
    *Have you seen my sister? No, I haven't seen **her**.*

    Hai visto le mie amiche? No, non **le** ho vist**e**.
    Did you see my friends? No, I didn't see them.

- The past participle must agree with the pronoun **ne** when it means *some* or *part of*.

    Avete mangiato molte mele? Si, **ne** abbiamo mangiat**e** molte.
    *Did you eat many apples? Yes, we ate many (**of them**).*

- The agreement is optional with the direct object pronouns **mi**, **ti**, **ci**, and **vi** and when a sentence is introduced by **che**, **la quale**, **i quali**, or **le quali**.

    Non **ci** hanno portat**o**/portat**i** al cinema.
    *They didn't take **us** to the movies.*

    I film **che** abbiamo vist**o**/vist**i** sono interessanti.
    *The movies (**that**) **we saw** were interesting.*

- The past participle never agrees with the indirect object.

    Le abbiamo mandato un telegramma.
    ***We sent her** a telegram.*

esercizio	5-5

Translate the following sentences into Italian.

1. I have never seen him. _____

2. You have seen them (m.). _____

3. He saw her. _____

4. He didn't see her. _____

5. Have you received the letter? No, I didn't receive it. _____

_____

6. I said good-bye to my aunts. I said good-bye to them. _____

_____

7. We opened the windows. We opened them. _____

_____

8. They didn't bring us the bread. They didn't bring it. _____

_____

9. I bought many apples. You bought some of them. _____

_____

10. We sent her a fax. _____

esercizio   5-6

Using the suggested verbs, describe how you and your family spent last weekend. Then translate it into English.

pulire	fare	lavare	telefonare
ascoltare	andare	leggere	preparare
dormire	guardare	giocare	

Sabato, io _____ fino a tardi. _____ colazione,

poi _____ la musica country. Mio fratello _____

in piscina e io e mia sorella _____ al tennis. Mio padre

_____ la televisone e _____ il giornale. Nel

pomeriggio _____ la nostra macchina. Mia madre

_____ la casa, _____ alla nonna e

_____ una cena speciale per tutti noi.

_____

_____

_____

_____

_____

_____

_____

_____

_____

The Present Perfect with *Essere*

The present perfect of intransitive verbs—those that do not take a direct object—is formed by combining the present tense of **essere** and the past participle of the verb. Most of these verbs usually express movement (**arrivare**, *to arrive*), lack of movement (**stare**, *to stay*), a mental or physical state (**arrossire**, *to blush*), or some process of change (**invecchiare**, *to age*).

Regular past participles of verbs conjugated with **essere** are formed like those conjugated with **avere**.

Past participles conjugated with **essere** agree in gender and number with the subject of the verb.

Antonio **è uscito** alle due.	*Antonio **went out** at two.*	
Maria **è uscita** alle due.	*Maria **went out** at two.*	

	arrivare	**cadere**	**uscire**
	(*to arrive*)	(*to fall*)	(*to go out*)
io	**sono arrivato/a**	**sono caduto/a**	**sono uscito/a**
tu	**sei arrivato/a**	**sei caduto/a**	**sei uscito/a**
lui/lei	**è arrivato/a**	**è caduto/a**	**è uscito/a**
noi	**siamo arrivati/e**	**siamo caduti/e**	**siamo usciti/e**
voi	**siete arrivati/e**	**siete caduti/e**	**siete usciti/e**
loro	**sono arrivati/e**	**sono caduti/e**	**sono usciti/e**

Below is a list of commonly used verbs conjugated with **essere** in the present perfect:

Infinitive	Past Participle
andare (*to go*)	**andato**
apparire (*to appear*)	**apparso**
arrivare (*to arrive*)	**arrivato**
cadere (*to fall*)	**caduto**
diventare (*to become*)	**diventato**
entrare (*to enter*)	**entrato**
essere (*to be*)	**stato**
morire (*to die*)	**morto**
nascere (*to be born*)	**nato**
partire (*to depart, leave*)	**partito**
restare (*to remain*)	**restato**
rimanere (*to stay, remain*)	**rimasto**
ritornare (*to return*)	**ritornato**
salire (*to go up*)	**salito**

scendere (*to go down*)   **sceso**
stare (*to stay*)   **stato**
tornare (*to return, come back*)   **tornato**
uscire (*to go out*)   **uscito**
venire (*to come*)   **venuto**
vivere (*to live*)   **vissuto**

esercizio 5-7

Translate the following sentences into Italian.

1. I went to the movies. _____

2. You arrived late. _____

3. He entered the restaurant. _____

4. She died last month. _____

5. I was born in a small town. _____

6. We left by ship. _____

7. You (pl.) became American citizens. _____

8. They returned home in time for supper. _____

9. They went on the bus. _____

esercizio 5-8

Rewrite the following sentences in the present perfect.

1. Paola va al mercato. _____

2. Tu non esci con i tuoi amici. _____

3. Lui ritorna a casa sua. _____

4. Maria entra nel negozio. _____

5. Voi partite per l'Africa. _____

6. Noi siamo dagli zii. _____

7. Le ragazze arrivano alla stazione. _____

8. Loro crescono molto. _____

9. Tu non cadi quando pattini. _____

Following are additional rules you need to remember when using **essere** + the past participle:

- **Essere** is also used when referring to the weather, even though it is common today to hear people use **avere**.

È piovuto tutto il giorno.	*It has rained all day long.*
Ha piovuto tutto il giorno.	*It has rained all day long.*

- Some verbs use either **essere** or **avere** depending on whether they are used transitively or intransitively.

Intransitive: I prezzi della frutta **sono aumentati**.	*The prices for fruit **have increased**.*
Transitive: I padroni **hanno aumentato** i prezzi.	*The owners **have increased** the prices.*

- With the modal verbs **dovere**, **potere**, and **volere**, it is more correct to use **essere** if the following infinitive takes **essere**. This rule is particularly used in writing. But when speaking, **avere** is heard more frequently.

Siamo dovuti stare a casa tutto il giorno.	*We had to stay home all day.*
Non siamo potuti venire perchè eravamo senza macchina.	*We couldn't come because we were without a car.*

- Impersonal verbs require the use of **essere** in the present perfect: **accadere** (*to happen*), **bastare** (*to be enough*), **capitare** (*to happen*), **costare** (*to cost*), **dispiacere** (*to regret*), **sembrare** (*to seem*), **succedere** (*to happen*).

Che cosa **è successo**?	*What **has happened**?*
Mi **è dispiaciuto** molto.	*I **have regretted** it a lot.*

- All reflexive verbs use **essere** in the present perfect.

Mi sono alzata tardi ieri.	*I woke up late yesterday.*
Vi siete divertiti al parco?	*Did you have a good time at the park?*

esercizio   5-9

Translate the following sentences into Italian.

1. I don't know what happened to Peter. _____

2. It seemed to me too late to call you. _____

3. We went skiing, but there was no snow. _____

4. The prices for fruit have increased a lot. _____

5. It took three hours to get home. _____

6. Yesterday it snowed all day. _____

7. We had a great time at the beach. _____

8. They went on the plane. _____

9. My relatives left at three o'clock. _____

esercizio   5-10

Translate the following paragraph into Italian.

Last summer I went to Italy with some friends. Once in Italy, we took the train from one city to another. We liked traveling by train. It is very comfortable, and we did not have to look for parking. We walked a lot. We visited many museums, and we ate a lot of Italian ice cream. Italian ice cream is famous all over the world. We spent two weeks in Italy. We had a great time, and we will remember this trip for a long time!

_____

_____

_____

_____

_____

_____

_____

_____

_____

_____

vocabolario

comfortable	**comodo**	summer	**estate**
once	**una volta**	trip	**viaggio**
spend	**trascorrere**	world	**mondo**

esercizio	5-11

Last year Angela went to the United States. Describe her vacation by putting the following sentences in the present perfect.

1. Angela va negli Stati Uniti.

   _____

2. Parte da Milano alle otto.

   _____

3. Rimane a New York per qualche giorno.

   _____

4. Va a visitare le chiese e i musei di New York.

   _____

5. La sera va a teatro.

   _____

6. Dopo tre o quattro giorni va a Chicago.

   _____

7. Fa delle piacevoli camminate lungo il lago.

   _____

8. Visita i musei e va a fare molte spese.

   _____

9. Da Chicago va a San Francisco.

   _____

10. San Francisco è la città che preferisce.

    _____

11. Ritorna in Italia dopo tre settimane.

    _____

12. Le piace molto la vacanza negli Stati Uniti.

    _____

The Imperfect Tense (*Imperfetto*)

The imperfect tense in Italian expresses a recurrent event in the past. It is used to express continuity or actions in the past that are customary or habitual. There is no indication of the beginning or the end of the action or whether it was finished or not. It is very easy to learn but not so easy to use. It is much less commonly used in English than in Italian.

The imperfect indicative of:

- **-are** verbs is formed by dropping the infinitive ending **-are** and adding the following endings to the root: **-avo**, **-avi**, **-ava**, **-avamo**, **-avate**, **-avano**.

    mangiare (*to eat*)   Mangi**avo**. (*I used to eat.*)

- **-ere** verbs is formed by dropping the infinitive ending **-ere** and adding the following endings to the root: **-evo**, **-evi**, **-eva**, **-evamo**, **-evate**, **-evano**.

    leggere (*to read*)   Legg**evo**. (*I used to read.*)

- **-ire** verbs is formed by dropping the infinitive ending **-ire** and adding the following endings to the root: **-ivo**, **-ivi**, **-iva**, **-ivamo**, **-ivate**, **-ivano**.

    partire (*to leave*)   Part**ivo** (*I used to leave.*)

The imperfect corresponds to the English expressions formed by:

used to + the infinitive:	*She **used to live** in New York.*
was/were + the gerund:	*They **were living** in Italy.*
would + the infinitive:	*He **would go** to the library every day.*

The following is the complete conjugation of the imperfect tense of **-are**, **-ere**, and **-ire** regular verbs:

| Infinitive: | **pensare** (*to think*) | **leggere** (*to read*) | **partire** (*to leave*) |
Root:	**pens-**	**legg-**	**part-**
io	pens**avo**	legg**evo**	part**ivo**
tu	pens**avi**	legg**evi**	part**ivi**
lui/lei	pens**ava**	legg**eva**	part**iva**
noi	pens**avamo**	legg**evamo**	part**ivamo**
voi	pens**avate**	legg**evate**	part**ivate**
loro	pens**avano**	legg**evano**	part**ivano**

The verbs **fare** (*to do, to make*), **dire** (*to say*), **bere** (*to drink*), **produrre** (*to produce*), and **porre** (*to place*) take their root for the imperfect from the original Latin infinitives, but the conjugation is regular. (All the compounds of these verbs follow the same pattern.)

| Infinitive: | **fare** | **dire** | **bere** | **produrre** | **porre** |
Root:	**fac-**	**dic-**	**bev-**	**produc-**	**pon-**
io	fac**evo**	dic**evo**	bev**evo**	produc**evo**	pon**evo**
tu	fac**evi**	dic**evi**	bev**evi**	produc**evi**	pon**evi**
lui/lei	fac**eva**	dic**eva**	bev**eva**	produc**eva**	pon**eva**
noi	fac**evamo**	dic**evamo**	bev**evamo**	produc**evamo**	pon**evamo**
voi	fac**evate**	dic**evate**	bev**evate**	produc**evate**	pon**evate**
loro	fac**evano**	dic**evano**	bev**evano**	produc**evano**	pon**evano**

The present perfect is used to express an action that started and was completed in the recent past; the imperfect, however, is used with a past action without any reference to when it started or ended. It is used to express ongoing actions in the past, to describe a past action in progress, or to indicate a state of mind, age, time, or weather.

Il mio amico **veniva** sempre tardi alla lezione di italiano.	*My friend always **used to come** late to the Italian lesson.*
Quando **abitavamo** in Italia, **andavamo** sempre in montagna.	*When we **lived** in Italy, we always **went** to the mountains.*

The following are some adverbial expressions that indicate continuity and are associated with the use of the imperfect:

continuamente	continuously
costantemente	constantly
di frequente	frequently
di solito	usually
di tanto in tanto	from time to time
la domenica (il lunedi, ecc.)	on Sundays (on Mondays, etc.)
mentre	while
ogni giorno	every day
ogni giorno, ogni notte	each day, each night
ogni tanto	once in a while
qualche volta	sometime
quando	when
sempre	always
spesso	often
tutti i giorni	every day

| esercizio | 6-1 |

Rewrite the following sentences in the imperfect.

1. Di solito Maria cena presto. _____

2. I ragazzi vanno spesso in biblioteca. _____

3. I bambini piangono sempre. _____

4. Ogni tanto vado al cinema. _____

5. Vado alla spiaggia tutti i giorni. _____

6. Voi andate spesso a sciare. _____

7. Il lunedì vado a scuola. _____

8. La domenica andiamo in chiesa. _____

9. Mentre mangiate, guardate la televisione. _____

Now look at the following additional rules used with the imperfect:

- The imperfect is used when two or more actions are going on simultaneously.

Io **parlavo** e mio fratello **studiava**.	*I was speaking and my brother was studying.*
Mia mamma **cucinava**, tu **studiavi**,	*My mother was cooking, you were studying,*
e mio padre **leggeva il giornale**.	*and my father was reading the newspaper.*

- The imperfect is frequently used to describe people or things in the past with color, size, and personal qualities.

Tua nonna **era** molto intelligente.	*Your grandmother was very intelligent.*
Le strade **erano** coperte di neve.	*The streets were covered with snow.*

- The imperfect expresses the time of day, age, and weather in the past.

Che ore **erano**?	*What time was it?*
Faceva bel tempo.	*The weather was good.*
Era l'una e **pioveva**.	*It was one o'clock and it was raining.*

- The imperfect is used with the preposition **da** to express an event in the past. In English this requires the pluperfect tense.

Nevicava da una settimana.	*It had been snowing for a week.*
Non **uscivamo da** tre giorni.	*We had not gone out for three days.*

esercizio   6-2

Rewrite the following using the correct forms of the imperfect.

1. La bambina è brava. _____

2. Gli insegnanti sono pazienti. _____

3. Le camicie sono sporche. _____

4. Le strade sono larghe. _____

5. Tu sei stanco. _____

6. Voi siete alti. _____

7. Tu sei molto magro. _____

8. Io sono molto studiosa. _____

9. Il cielo è nuvoloso. _____

esercizio   6-3

Translate the following sentences into Italian.

1. I was sixteen years old. _____

2. It was very windy. _____

3. What was the weather like? _____

4. How old was your grandfather? _____

5. He was ninety years old. _____

6. The weather was very bad. _____

7. It was early. _____

8. It was very late. _____

9. It was snowing very hard. _____

esercizio	6-4

Complete each sentence with the correct form of the imperfect.

1. Noi lo _____ (sapere) da molti giorni.

2. La squadra di calcio non _____ (vincere) da molte settimane.

3. Noi _____ (essere) in America da sette anni.

4. Il bambino _____ (piangere) da diverse ore.

5. Caterina _____ (vivere) a San Francisco da tre anni.

6. Da quanto tempo _____ (tu-studiare) l'italiano?

7. Loro _____ (viaggiare) da tre mesi.

8. Carlo _____ (andare) a nuotare da due settimane.

9. L'orologio non _____ (funzionare) da diversi giorni.

esercizio	6-5

Answer the following questions positively with complete sentences in the imperfect.

1. Leggevate dei bei libri in classe? _____

2. Uscivi di frequente con i tuoi amici? _____

3. Andavi al mare ogni estate? _____

4. Voi preferivate il mare o la montagna? _____

5. Avevi molti amici? _____

6. Capivano bene l'italiano? _____

7. Visitavate spesso i vostri parenti? _____

8. Ti piaceva giocare al calcio? _____

9. Andavate spesso in Italia? _____

esercizio	6-6

Translate into Italian the following letter.

Dear Maria,

I just returned from a vacation in Rome. The weather was beautiful, and the sun was shining every day. I would get up early and take a walk in the park. The city was very quiet in the morning. At the end of the park there was a nice café, and I would stop there for a hot cappuccino. I would sit and read the Italian newspaper. I did not like to read it because it was full of bad news. Afterwards, I would return to the hotel, take a shower, and go to museums and churches. When I was tired I would go back to the hotel, sit under the umbrella by the pool, and I would write postcards. It was a beautiful and unforgettable vacation, but too short.

_____

_____

_____

_____

_____

_____

_____

vocabolario

afterwards	**dopodichè**	postcards	**cartoline**
to get up	**alzarsi**	shining	**splendeva**
newspaper	**giornale**	shower	**doccia**
pool	**piscina**	unforgettable	**indimenticabile**

Comparison of the Present Perfect and the Imperfect

Both the present perfect and the imperfect are past tenses and are often used together in the narration of past events. However, they express different kinds of actions and cannot be used interchangeably. Look at the following:

• The present perfect states events or actions that happened at a specific time.

Ieri sera siamo usciti alle otto.   *Last night we went out at eight.*

- The imperfect describes ongoing actions or events in the past.

    Uscivamo tutte le sere alle otto.   *We went out every night at eight.*

- The present perfect expresses an action or an event that went on or was repeated a definite number of times.

    Lei ha studiato sabato e domenica.   *She studied Saturday and Sunday.*

- The imperfect describes repeated or habitual actions in the past.

    Lei studiava tutti i sabati e le domeniche.   *She used to study every Saturday and Sunday.*

- The imperfect is used to describe two different actions going on at the same time in the past.

    Io parlavo al telefono **mentre lui**   *I was talking* on the phone *while he was*
    guardava la partita.   *watching* the game.

- The imperfect describes an action that was going on in the past, when another action or event took place. This last action or event is in the present perfect.

    Voi **dormivate quando** lei **è venuta** a casa.   *You were sleeping when she came home.*

---

esercizio	6-7

Translate the following sentences into Italian using the correct forms of the present perfect and imperfect.

1. I ate at the restaurant./I used to eat at the restaurant.

   _____

2. I traveled a lot./I used to travel a lot.

   _____

3. I went to the doctor./I used to go to the doctor.

   _____

4. You called Marco on Saturday./You called Marco every Saturday.

   _____

5. They finished working late./Usually they finished working late.

   _____

6. I swam all morning long./I used to swim every morning.

   _____

7. Last night we went to a party./We went to a party every weekend.

   _____

8. Last summer he went to the zoo./He went to the zoo every summer.

_____

9. You (pl.) went to the park./You (pl.) used to go to the park.

_____

esercizio   6-8

Complete the sentences below using the imperfect or the present perfect as necessary.

1. _____ (andare) molto veloce quando la polizia lo (l')

   _____ (fermare).

2. Io _____ (mangiare) le lasagne quando _____
   (trovare) un insetto nel piatto.

3. Tu _____ (essere) a casa quando io _____ (chiamare).

4. Che tempo _____ (fare) quando _____ (tu-uscire)
   di casa questa mattina?

5. Quanti anni _____ (tu-avere) quando _____
   (cominciare) l'università?

6. Mentre _____ (io-studiare) _____ (loro-suonare)

   alla porta e _____ (portare) una bella pianta.

7. _____ (io-avere) vent'anni quando _____
   (cominciare) a sciare.

8. Non _____ (io-avere) la penna e non _____ (potere)
   scriverti.

9. _____ (Loro-essere) preoccupati perchè non _____
   (io-chiamare).

esercizio   6-9

Translate the following sentences into Italian using the imperfect and the present perfect.

1. We were eating dessert when you arrived.

_____

2. While I was studying, somebody rang the doorbell.

_____

3. Were you tired when you came home?

   _____

4. What was the weather like in Italy?

   _____

5. It was not raining when I went out.

   _____

6. She was taking a shower when I called her.

   _____

7. They were playing golf when it started to rain.

   _____

8. While I was studying, you went to the movies.

   _____

9. Were you waiting for the bus when he saw you?

   _____

esercizio **6-10**

Translate the following paragraphs into Italian, using the vocabulary words provided on the next page.

It was a beautiful day. The sun was shining, and it was a warm spring day. Carlo was happy because he had a date with a beautiful girl. He wanted to take her to the soccer game and then to a nice restaurant.

Unfortunately, the girl did not come, the weather changed, and it started to thunder and rain very hard. He got all wet. He returned home, turned on the television, and watched the game on TV. His team lost. This day did not turn out very well. He went to bed in a bad mood.

_____

_____

_____

_____

_____

_____

vocabolario

appointment/date	**appuntamento**	spring	**primaverile**
mood	**umore**	thunder	**tuonare**
soccer	**calcio**	weather	**tempo**

The Preterite (*Passato Remoto*)

The preterite is a past tense, also called the historical past. It is mostly used in narrative writing of one-time events in the past. It is quite often seen in books, newspapers, documents, etc. In speech and informal letter writing it has been replaced by the present perfect. In northern Italy people seem to use the present perfect more frequently when expressing past events; however, the preterite is more frequently used in southern and central Italy even when speaking of recent happenings.

Both the present perfect and preterite are commonly translated into English by the simple past (*I bought, you wrote*).

The preterite of regular verbs is formed by dropping the infinitive endings **-are**, **-ere**, and **-ire** and adding to the root the following endings:

- Verbs ending in **-are**: **-ai**, **-asti**, **-ò**, **-ammo**, **-aste**, **-arono**

- Verbs ending in **-ere**: **-ei**, **-esti**, **-è**, **-emmo**, **-este**, **-erono** (**io**, **lui**, **lei**, and **loro** forms have an alternate ending **-etti**, **-ette**, and **-ettero**)

- Verbs ending in **-ire**: **-ii**, **-isti**, **-ì**, **-immo**, **-iste**, **-irono**

	comprare (*to buy*)	**vendere** (*to sell*)	**sentire** (*to hear*)
io	compr**ai**	vend**ei** (vend**etti**)	sent**ii**
tu	compr**asti**	vend**esti**	sent**isti**
lui/lei	compr**ò**	vend**è** (vend**ette**)	sent**ì**
noi	compr**ammo**	vend**emmo**	sent**immo**
voi	compr**aste**	vend**este**	sent**iste**
loro	compr**arono**	vend**erono** (vend**ettero**)	sent**irono**

esercizio	7-1

Complete the following sentences with the correct endings of the preterite.

1. Io arriv_____ tardi a scuola.

2. Tu parl_____ troppo.

3. Il bambino gioc_____ tutto il giorno.

4. Lei and_____ a scuola.

5. Mia mamma prepar_____ un ottimo pranzo.

6. Voi lavor_____ fino a tardi.

7. Noi parl_____ al telefono con loro.

8. Tu non parl_____ al telefono.

9. Voi non cant_____ molte canzoni.

esercizio	7-2

Complete the following sentences with the correct forms of the verbs in parentheses in the preterite.

1. Io _____ (invitare) i miei amici alla festa.

2. Tu _____ (camminare) molto lentamente.

3. Lei _____ (comprare) molti bei vestiti.

4. Noi _____ (preparare) le valige.

5. Voi _____ (pagare) il conto.

6. Loro _____ (cenare) in un ristorante molto famoso.

7. Io _____ (andare) in Italia con mio marito.

8. Tu non _____ (telefonare) ai tuoi fratelli.

9. Voi non _____ (ascoltare) i buoni consigli.

esercizio 7-3

Rewrite the following sentences in the preterite.

1. Tu viaggi molto. _____

2. Io mangio con le mie sorelle. _____

3. Lei aspetta suo marito. _____

4. Lui visita il museo. _____

5. Noi telefoniamo a Carlo. _____

6. Voi comprate molti libri. _____

7. Loro comprano una casa nuova. _____

8. Io non preparò il letto per gli ospiti. _____

9. Tu non lavi la maglia. _____

esercizio 7-4

Complete the following sentences with the required form of the preterite using the verbs in parentheses.

1. Io _____ (sedere) con i miei amici.

2. Tu _____ (ripetere) bene le parole.

3. Lui _____ (dovere) ritornare a casa.

4. Lei _____ (vendere) l'automobile.

5. Noi _____ (ricevere) le cartoline.

6. Voi _____ (credere) tutti.

7. Loro _____ (ripetere) quello che avevano sentito.

8. Noi non _____ (battere) alla finestra.

9. Loro non _____ (credere) Giovanna.

| esercizio | 7-5 |

Rewrite the following sentences in the preterite.

1. Io ricevo la lettera da mio figlio. _____

2. Tu vendi la tua casa. _____

3. Lei siede da sola nel suo grande giardino. _____

4. Noi crediamo a tutti. _____

5. Il pappagallo ripete quello che sente. _____

6. Voi ricevete una buona notizia. _____

7. Loro abbattono l'albero. _____

8. Giovanni e Carla vendono la loro casa. _____

9. Lo studente deve studiare molto. _____

The following are some common expressions that are often used with the preterite:

ieri	yesterday
ieri pomeriggio	yesterday afternoon
ieri sera	last night
l'altro giorno	the other day
la settimana scorsa	last week
il mese/l'anno scorso	last month, year
l'estate/l'inverno scorso	last summer, winter
poco fa	a little while ago
per molto tempo	for a long time
all'improvviso	all of a sudden

| esercizio | 7-6 |

Complete the following sentences with the correct forms of the preterite.

1. L'estate scorsa io _____ (leggere) un bellissimo libro.

2. Carlo, dove _____ (passare) le vacanze?

3. All'improvviso tutti se ne _____ (andare).

4. Il mese scorso tu non _____ (venire) alla riunione.

5. Ieri sera lui _____ (venire) a casa molto tardi.

6. Poco fa loro _____ (partire) per l'Europa.

7. Da molto tempo io non _____ (andare) a fare yoga.

8. L'altro giorno io _____ (vedere) un topo in casa.

9. Ieri pomeriggio io _____ (riposare) per due ore.

Irregular Verbs in the Preterite

Many Italian verbs that are irregular in the preterite have the **-ere** ending in the infinitive. They can be grouped together according to their irregularities. You will notice that the verbs ending in **-ere** are regular in the **tu**, **noi**, and **voi** forms. The infinitive ending is dropped to form the root of the verb. But in the **io**, **lui**, **lei**, and **loro** forms, the root is modified.

> **chiudere** (*to close*): **chiusi**, chiudesti, **chiuse**, chiudemmo, chiudeste, **chiusero**

The following **-ere** verbs will be grouped according to their root irregularities.

Verbs with a Single -s-

Many verbs ending in **-ere** have an irregular root in the **io**, **lui**, **lei**, and **loro** forms of the preterite. They have regular roots in the other forms.

> **chiedere** (*to ask*): **chiesi**, chiedesti, **chiese**, chiedemmo, chiedeste, **chiesero**
> **cogliere** (*to gather*): **colsi**, cogliesti, **colse**, cogliemmo, coglieste, **colsero**
> **concludere** (*to conclude*): **conclusi**, concludesti, **concluse**, concludemmo, concludeste, **conclusero**
> **decidere** (*to decide*): **decisi**, decidesti, **decise**, decidemmo, decideste, **decisero**
> **dividere** (*to divide*): **divisi**, dividesti, **divise**, dividemmo, divideste, **divisero**
> **mettere** (*to put*): **misi**, mettesti, **mise**, mettemmo, metteste, **misero**
> **prendere** (*to take*): **presi**, prendesti, **prese**, prendemmo, prendeste, **presero**
> **ridere** (*to laugh*): **risi**, ridesti, **rise**, ridemmo, rideste, **risero**
> **rimanere** (*to stay*): **rimasi**, rimanesti, **rimase**, rimanemmo, rimaneste, **rimasero**
> **scendere** (*to descend*): **scesi**, scendesti, **scese**, scendemmo, scendeste, **scesero**
> **spegnere** (*to turn off*): **spensi**, spegnesti, **spense**, spegnemmo, spegneste, **spensero**
> **spendere** (*to spend*): **spesi**, spendesti, **spese**, spendemmo, spendeste, **spesero**
> **vincere** (*to win*): **vinsi**, vincesti, **vinse**, vincemmo, vinceste, **vinsero**

-ere Verbs That Double the -s- (-ss-)

The following **-ere** verbs double the **-s-** in the **io**, **lui**, **lei**, and **loro** forms:

> **discutere** (*to discuss*): **discussi**, discutesti, **discusse**, discutemmo, discuteste, **discussero**
> **leggere** (*to read*): **lessi**, leggesti, **lesse**, leggemmo, leggeste, **lessero**
> **scrivere** (*to write*): **scrissi**, scrivesti, **scrisse**, scrivemmo, scriveste, **scrissero**
> **vivere** (*to live*): **vissi**, vincesti, **visse**, vincemmo, vinceste, **vissero**

-ere Verbs with a Double Consonant Other than -ss-

The following verbs double the consonant of the infinitive root in the **io**, **lui**, **lei**, and **loro** forms:

> **cadere** (*to fall*): **caddi**, cadesti, **cadde**, cademmo, cadeste, **caddero**
> **conoscere** (*to know*): **conobbi**, conoscesti, **conobbe**, conoscemmo, conosceste, **conobbero**

> **rompere** (*to break*): **ruppi**, rompesti, **ruppe**, rompemmo, rompeste, **ruppero**
> **sapere** (*to know*): **seppi**, sapesti, **seppe**, sapemmo, sapeste, **seppero**
> **tenere** (*to keep*): **tenni**, tenesti, **tenne**, tenemmo, teneste, **tennero**
> **volere** (*to want*): **volli**, volesti, **volle**, volemmo, voleste, **vollero**

Bere uses the root from the original Italian infinitive **bevere**. It doubles the **-v-** in the **io**, **lui**, **lei**, and **loro** forms.

> **bere** (*to drink*): **bevvi**, bevesti, **bevve**, bevemmo, beveste, **bevvero**

---

esercizio 7-7

Complete the following sentences with the preterite in the correct forms of the verbs in parentheses.

1. Le pere _____ (cadere) dagli alberi.

2. Io non _____ (chiedere) niente a nessuno.

3. Tu _____ (chiudere) la porta.

4. Lui _____ (decidere) di andare in Italia.

5. Lei _____ (discutere) con i suoi fratelli.

6. Noi _____ (prendere) un caffè al bar.

7. Voi _____ (leggere) tutto il giornale.

8. Loro _____ (scrivere) una lunga lettera.

9. Io non _____ (vivere) in Italia per molto tempo.

---

esercizio 7-8

*Complete the following sentences with the preterite of the following irregular **-ere** verbs.*

1. Io _____ (conoscere) molte persone importanti.

2. Il bambino _____ (cadere) dalla sedia.

3. Io _____ (volere) parlare con il direttore.

4. Lei _____ (sapere) arrivare a casa tua.

5. Noi _____ (rompere) il ghiaccio.

6. Voi _____ (dovere) andare all'ambasciata.

7. Loro non _____ (tenere) la porta chiusa.

8. Tu non _____ (conoscere) le mie sorelle.

9. Carlo non _____ (volere) vedere il risultato.

Dire doubles the **-s-** in the **io, lui, lei,** and **loro** forms as follows:

Dire (*to tell, to say*): **dissi**, dicesti, **disse**, dicemmo, diceste, **dissero**

Venire and **divenire** double the **-n-** of the infinitive in the **io, lui, lei,** and **loro** forms:

Venire (*to come*): **venni**, venisti, **venne**, venimmo, veniste, **vennero**
Divenire (*to become*): **divenni**, divenisti, **divenne**, divenimmo, diveniste, **divennero**

esercizio 7-9

Complete the following sentences with the irregular -ire verbs in the preterite in the correct forms.

1. Io _____ (dire) molte cose a mia mamma.

2. Tu non _____ (dire) niente a nessuno.

3. Chi _____ (venire) a casa vostra?

4. I miei amici _____ (venire) a prendere il tè.

5. Noi _____ (venire) a casa tardi.

6. Voi _____ (venire) al cinema con noi.

7. Loro _____ (divenire) molto alti.

8. Noi _____ (dire) tutto alla polizia.

9. Lui non _____ (venire) con i suoi amici.

-ere Verbs with -qu-

Nascere (*to be born*) and **piacere** (*to like*) have a **-qu-** in the **io, lui, lei,** and **loro** forms of the preterite. **Nascere** also drops the **-s-** in the same forms.

	nascere (*to be born*)	**piacere** (*to like*)
io	**nacqui**	**piacqui**
tu	**nascesti**	**piacesti**
lui/lei	**nacque**	**piacque**
noi	**nascemmo**	**piacemmo**
voi	**nasceste**	**piaceste**
loro	**nacquero**	**piacquero**

The Preterite of *Fare*

Fare takes the root for the preterite from the Latin infinitive **facere** from which it originates.

	fare (*to make, do*)
io	**feci**
tu	**facesti**
lui/lei	**fece**
noi	**facemmo**
voi	**faceste**
loro	**fecero**

esercizio	7-10

Complete the following sentences with the required forms of the preterite using the verbs in parentheses.

1. Io _____ (nascere) in Italia.

2. Anche tu _____ (nascere) in Italia.

3. Quando _____ (nascere) mio fratello, io avevo due anni.

4. Lui _____ (piacere) ai miei genitori.

5. Il vostro modo di fare _____ (dispiacere) ai vostri amici.

6. Loro _____ (fare) una bellissima festa.

7. Mi _____ (piacere) andare in aereo.

8. Tu _____ (fare) molti dolci.

9. La commedia non _____ (piacere) a nessuno.

The Preterite of *Essere* and *Avere*

Essere and **avere** have irregular forms in the preterite as shown below.

	essere	**avere**
io	**fui**	**ebbi**
tu	**fosti**	**avesti**
lui/lei, Lei	**fu**	**ebbe**
noi	**fummo**	**avemmo**
voi	**foste**	**aveste**
loro, Loro	**furono**	**ebbero**

esercizio 7-11

Complete the following sentences with the correct forms of the preterite using the verbs in parentheses.

1. Dante _____ (nascere) nel 1215.

2. L'anno scorso noi _____ (andare) in Cina.

3. Mio nonno _____ (essere) ammalato per molto tempo.

4. Ti _____ (piacere) la sfilata di moda?

5. Tre mesi fa tu _____ (fare) gli esami di maturità.

6. Voi _____ (essere) tutti promossi.

7. L'anno scorso noi _____ (fare) una bella vacanza.

8. Io non _____ (avere) molto tempo da perdere.

9. Noi _____ (fare) molte cose.

esercizio 7-12

Rewrite the following sentences in the preterite.

1. Io rispondo alla tua lettera. _____

2. Tua madre compra una collana di perle. _____

3. Lui rompe molti bicchieri. _____

4. Gli studenti sanno la poesia. _____

5. Tu compri un bel paio di scarpe. _____

6. I nonni vogliono restare a casa. _____

7. Maria non viene a scuola. _____

8. I bambini piangono tutto il giorno. _____

9. Le giornate sono molto lunghe. _____

esercizio	**7-13**

Translate the following sentences into Italian using the preterite.

1. I arrived last night at nine. _____

2. We visited the museum two days ago. _____

3. I went to the mountains to ski. _____

4. You didn't finish the soup. _____

5. I didn't buy the purse at the market. _____

6. We arrived late at the station. _____

7. They asked me to go to the game with them. _____

8. Carlo spent his vacation in Hawaii. _____

9. He had a lot of fun. _____

esercizio	**7-14**

Rewrite the following sentences replacing the preterite with the present perfect.

1. Tu arrivasti molto stanco. _____

2. Nessuno ci aiutò. _____

3. Leonardo fu un genio. _____

4. Noi non vedemmo niente di bello. _____

5. Non ricordano dove misero le chiavi. _____

6. Aprii la finestra, ma faceva freddo. _____

7. Giovanna rispose subito alla mia lettera. _____

8. Andai a comprare due francobolli. _____

9. L'estate scorsa fece molto caldo. _____

esercizio	7-15

Translate the following paragraph into Italian.

In 1954 television arrived in Italy. Slowly, little by little, it came into every house. Everybody wanted to buy it. Some programs were especially successful. People liked variety shows and quiz programs. The news shows were very popular. The television allowed people to gather and come together in homes and in bars. Italians made sacrifices to buy a television of their own. The arrival of the television changed everyone's lives.

_____

_____

_____

_____

_____

_____

_____

vocabolario

allowed	**permettere**	sacrifices	**sacrifici**
to gather	**riunirsi**	variety show	**programmi di varietà**
programs	**programmi**		

The Past Perfect (*Trapassato Prossimo*), Preterite Perfect (*Trapassato Remoto*), and Future Perfect (*Futuro Anteriore*)

These tenses are formed by combining the appropriate tense of the auxiliary verb **avere** or **essere** with the past participle of the verb. For each of the simple tenses, there is a corresponding compound tense.

Simple Tense		Compound Tense	
PRESENT	**io parlo**	PRESENT PERFECT	**io ho parlato**
	I speak		*I have spoken*
IMPERFECT	**io parlavo**	PAST PERFECT	**io avevo parlato**
	I spoke		*I had spoken*
	I was speaking		*I had been speaking*
PRETERITE	**io parlai**	PRETERITE PERFECT	**io ebbi parlato**
	I spoke		*I had spoken*
FUTURE	**io parlerò**	FUTURE PERFECT	**io avrò parlato**
	I will speak		*I will have spoken*

You have already studied the present perfect. To decide which auxiliary to choose, the agreement of the past participle, and the formation of the negative, the other compound tenses follow the same rules as those already seen in the present perfect.

The Past Perfect (*Trapassato Prossimo*)

This tense is used to express an action in the past that happened before another one and was completed in the past. Its name means "more than perfect," or further back in the past. It is used in Italian the same way it is used in English. A more recent action can be expressed in the present perfect, preterite, or imperfect. The past perfect corresponds to the English *had + past participle* (*I had understood*).

It is formed with the imperfect of the auxiliary **avere** or **essere** + the past participle of the verb.

Io avevo parlato con mia sorella.   *I had spoken with my sister.*
Io ero andato al cinema.   *I had gone to the movies.*

	parlare *(I had spoken)*	vendere *(I had sold)*	finire *(I had finished)*	andare *(I had gone)*
io	avevo parlato	avevo venduto	avevo finito	ero andato/a
tu	avevi parlato	avevi venduto	avevi finito	eri andato/a
lui/lei	aveva parlato	aveva venduto	aveva finito	era andato/a
noi	avevamo parlato	avevamo venduto	avevamo finito	eravamo andati/e
voi	avevate parlato	avevate venduto	avevate finito	eravate andati/e
loro	avevano parlato	avevano venduto	avevano finito	erano andati/e

Past participles conjugated with **essere** agree in gender and number with the subject.

Le ragazze **erano andate**.   *The girls had gone.*

The negative is formed by placing **non** in front of the auxiliary.

Io **non avevo mangiato**.   *I had not eaten.*

The past participles conjugated with **avere** agree in gender and number with the direct object pronouns **la**, **le**, and **li**. It is optional with **mi**, **ti**, **ci**, or **vi**.

Le avevo comprat**e**.   *I had bought them.*

esercizio	8-1

Translate the following sentences into Italian using the past perfect.

1. They had spoken with him. _____

2. They had eaten. _____

3. They had already eaten. _____

4. He had not returned yet. _____

5. They had arrived late. _____

6. I had not finished yet. _____

7. Rita had confirmed her flight. _____

8. We had traveled. _____

9. They had already eaten. _____

esercizio   **8-2**

Translate the following sentences into English using either the present perfect or past perfect.

1. Io ho visto. _____

2. Tu avevi visto. _____

3. Lui era andato. _____

4. Avevano letto. _____

5. Io ho giocato. _____

6. Io avevo giocato. _____

7. Non abbiamo letto. _____

8. Loro non avevano finito. _____

9. Avevate già mangiato? _____

The Preterite Perfect (*Trapassato Remoto*)

The preterite perfect is used in place of the past perfect but with the same meaning. It is used with the preterite of **essere** or **avere** and the *past participle* of the verb.

In conversation the preterite perfect is replaced by the past perfect. This tense is used mainly in writing and literature when the verb in the main clause is in the preterite. The meaning is the same as that of the past perfect.

Dopo che ebbi parlato con lei, mi sentii meglio.   *After I talked* with her, I felt better.

	parlare, vendere, finire (*I had spoken, sold, finished*)	andare (*I had gone*)
io	**ebbi parlato, venduto, finito**	**fui andato/a**
tu	**avesti parlato, venduto, finito**	**fosti andato/a**
lui/lei	**ebbe parlato, venduto, finito**	**fu andato/a**
noi	**avemmo parlato, venduto, finito**	**fummo andati/e**
voi	**aveste parlato, venduto, finito**	**foste andati/e**
loro	**ebbero parlato, venduto, finito**	**furono andati/e**

esercizio	8-3

Change the preterite into the preterite perfect.

1. Io lessi molti libri. _____

2. Tu partisti alle tre. _____

3. Gli ospiti partirono. _____

4. Voi cantaste bene. _____

5. Appena arrivai, io spensi la luce. _____

6. Noi uscimmo presto. _____

7. Lei piantò molti fiori. _____

8. Noi credemmo nel futuro. _____

9. Loro mangiarono troppo. _____

esercizio	8-4

Translate the following sentences into Italian using the preterite perfect.

1. The guests had eaten.

_____

2. I had slept.

_____

3. You had spoken.

_____

4. When they had arrived, we greeted them.

_____

5. As soon as he had finished his homework, he went out to play.

_____

6. After we had written the postcards, we mailed them.

_____

7. After you had taken a bath, you got dressed.

_____

8. After I had seen the children, I was happy.

_____

9. As soon as you had returned, many things went wrong.

_____

The Future Perfect (*Futuro Anteriore*)

The future perfect is used to express an action that will be completed in the future. It is formed by combining the future of the auxiliary **avere** or **essere** and the past participle of the verb.

Avrete finito i compiti prima di sabato?	*Will you have finished your homework before Saurday?*

	parlare, vendere, finire (*I will have spoken, sold, finished*)	andare (*I will have gone*)
io	**avrò parlato, venduto, finito**	**sarò andato/a**
tu	**avrai parlato, venduto, finito**	**sarai andato/a**
lui/lei	**avrà parlato, venduto, finito**	**sarà andato/a**
noi	**avremo parlato, venduto, finito**	**saremo andati/e**
voi	**avrete parlato, venduto, finito**	**sarete andati/e**
loro	**avranno parlato, venduto, finito**	**saranno andati/e**

Very often the future perfect is used after such expressions as: **quando**, **appena**, **finchè**, or **finchè non**.

Ti telefonerò **appena sarò arrivato** in Italia.	*I will call you **as soon as I have arrived** in Italy.*

With **se**, the future perfect expresses an action that happens before another future action.

Se avrete pulito la vostra camera, potrete uscire.	*If you have cleaned your room, you'll be able to go out.*

The future perfect is used to express possibility, doubt, or supposition when referring to the past.

Che cosa **sarà successo**?	*What **could have happened**?*
Saranno già **arrivati**?	***Could they have** already **arrived**?*

esercizio	8-5

Translate the following sentences into Italian using the future perfect.

1. I will have finished. _____

2. You (sing.) will have arrived. _____

3. He will have gotten married. _____

4. Everything will have changed. _____

5. We will have gone. _____

6. They will have closed the door. _____

7. Nothing will be changed. _____

8. She will have finished. _____

9. You (sing.) will have cleaned. _____

esercizio	8-6

Change the future into the future perfect.

1. Io andrò a casa. _____

2. Tu studierai. _____

3. Lui parlerà con il direttore. _____

4. Lei andrà in Italia. _____

5. Noi partiremo. _____

6. Voi avrete molti bambini. _____

7. Loro costruiranno la casa. _____

8. Noi non arriveremo tardi. _____

9. Gli astronauti andranno sulla luna. _____

esercizio	8-7

Translate the following paragraphs into Italian.

After we have visited Rome, we will go back to the United States. If we haven't spent all our money we will go back next summer. When we have seen all of the northern regions of Italy, we will start visiting the central part of the country.

When we went the last time, we visited Venice and its surroundings. We went to the beautiful wine country near Verona and to the lakes. I had never dreamed of seeing such beautiful sights. Many people had told us that Italy was very beautiful and we had wanted to see it, and now we never tire of going back there.

_____

_____

_____

_____

_____

_____

_____

_____

_____

_____

_____

vocabolario

country	**paese**	spent	**speso**
dreamed	**sognato**	surroundings	**dintorni**
lakes	**laghi**	sights	**vedute, panorami**
regions	**regioni**	tire	**stancare**

The Present Conditional (*Condizionale Presente*)

In Italian as in English, the present conditional tense is frequently used to express an action that depends on another fact expressed or implied, or to express a future hypothetical situation.

Comprerei una casa,	*I would buy a house,*
ma non ho i soldi.	*but I don't have the money.*

English forms the present conditional by using the auxiliary *would*; Italian forms the present conditional by adding appropriate endings to the end of the infinitive. The present conditional of regular verbs is formed by dropping the final **-e-** of the infinitive and adding the endings **-ei, -esti, -ebbe, -emmo, -este, -ebbero**. As with the future tense, the **-a-** of **-are** verbs changes to **-e-** (**parlerei**).

	parlare (*I would speak*)	vendere (*I would sell*)	sentire (*I would hear*)
io	parler**ei**	vender**ei**	sentir**ei**
tu	parler**esti**	vender**esti**	sentir**esti**
lui/lei	parler**ebbe**	vender**ebbe**	sentir**ebbe**
noi	parler**emmo**	vender**emmo**	sentir**emmo**
voi	parler**este**	vender**este**	sentir**este**
loro	parler**ebbero**	vender**ebbero**	sentir**ebbero**

esercizio	9-1

Complete the following sentences using the correct forms of the present conditional tense for the verbs in parentheses.

1. Io _____ (cantare), ma ho mal di gola.

2. Tu _____ (visitare) i nonni, ma sei troppo stanco.

3. Lui _____ (comprare) una macchina nuova, ma non ha i soldi.

4. Lei _____ (preparare) la cena, ma non ha tempo.

5. Voi _____ (parlare) francese, ma non lo sapete.

6. Loro _____ (cenare) con voi, ma è troppo tardi.

7. Io _____ (ballare), ma mi fanno male i piedi.

8. Tu _____ (lavare) i piatti, ma non c'è acqua calda.

9. Lei _____ (camminare), ma piove.

esercizio	9-2

*Complete the following sentences putting the **-ere** and **-ire** verbs in the present conditional.*

1. Io _____ (leggere), ma ho sonno.

2. Tu _____ (aprire) le finestre, ma fa freddo.

3. Lui _____ (capire) ma, non ha studiato.

4. Lei _____ (ripetere) le parole, ma non le ha sentite bene.

5. Noi _____ (finire), ma dobbiamo andare a casa.

6. Loro _____ (friggere) le patate, ma non hanno l'olio.

7. Voi _____ (vendere) la macchina, ma nessuno la vuole.

8. Io _____ (servire) il tè, ma non piace a nessuno.

9. Tu _____ (chiudere), ma la porta è aperta.

esercizio	9-3

Rewrite the following expressions in Italian using the present conditional.

1. I would start _____

2. you (sing.) would speak _____

3. you (sing.) would not speak _____

4. he would eat _____

5. she would clean _____

6. we would not arrive _____

7. she would not think _____

8. we would swim _____

9. they would look _____

Verbs that are regular in the future are also regular in the present conditional. Verbs ending in **-ciare** and **-giare** drop the **-i-** and have **-ce-** and **-ge-** in the root of the present conditional. Verbs ending in **-care** and **-gare** add an **-h-** to keep the hard sound of the **-c-** (**che**) and **-g-** (**ghe**).

Io comincerei a mangiare.	*I would start eating.*
Io pagherei il conto.	*I would pay the bill.*

esercizio	9-4

Complete the following sentences with the present conditional of the verbs in parentheses in the correct forms.

1. Io _____ (mangiare) molto, ma non voglio ingrassare.

2. Tu _____ (viaggiare), ma non ti piace.

3. Lui _____ (giocare) alle carte, ma non ha tempo.

4. Lei _____ (pagare), ma non ha i soldi.

5. Noi _____ (mangiare), ma non ci piace il pesce.

6. Voi _____ (cominciare) a camminare, ma non conoscete la strada.

7. Loro _____ (viaggiare), ma non ci sono treni.

8. Tu non _____ (mangiare) mai la trippa.

9. Tu _____ (cominciare) a guardare il film?

All direct and indirect object pronouns, including **ne**, precede the present conditional tense of the verb.

The same verbs that are irregular in the future are also irregular in the present conditional. The same root for these verbs is used for both the future and the present conditional. The following are the most commonly used verbs with irregular roots in the present conditional:

	dare	**stare**	**fare**	**essere**
io	darei	starei	farei	sarei
tu	daresti	staresti	faresti	saresti
lui/lei	darebbe	starebbe	farebbe	sarebbe
noi	daremmo	staremmo	faremmo	saremmo
voi	dareste	stareste	fareste	sareste
loro	darebbero	starebbero	farebbero	sarebbero

	andare	**avere**	**cadere**	**dovere**
io	andrei	avrei	cadrei	dovrei
tu	andresti	avresti	cadresti	dovresti
lui/lei	andrebbe	avrebbe	cadrebbe	dovrebbe
noi	andremmo	avremmo	cadremmo	dovremmo
voi	andreste	avreste	cadreste	dovreste
loro	andrebbero	avrebbero	cadrebbero	dovrebbero

	potere	**sapere**	**vedere**	**vivere**
io	potrei	saprei	vedrei	vivrei
tu	potresti	sapresti	vedresti	vivresti
lui/lei	potrebbe	saprebbe	vedrebbe	vivrebbe
noi	potremmo	sapremmo	vedremmo	vivremmo
voi	potreste	sapreste	vedreste	vivreste
loro	potrebbero	saprebbero	vedrebbero	vivrebbero

	bere	**rimanere**	**tenere**	**venire**
io	berrei	rimarrei	terrei	verrei
tu	berresti	rimarresti	terresti	verresti
lui/lei	berrebbe	rimarrebbe	terrebbe	verrebbe
noi	berremmo	rimarremmo	terremmo	verremmo
voi	berreste	rimarreste	terreste	verreste
loro	berrebbero	rimarrebbero	terrebbero	verrebbero

	volere
io	vorrei
tu	vorresti
lui/lei	vorrebbe
noi	vorremmo
voi	vorreste
loro	vorrebbero

Following is a list of how and when the present conditional should be used:

- The present conditional is used to express *would* when referring to actions that may never materialize.

Sarebbe una buona idea, ma non so se ce la faremo.	***It would be** a good idea, but I don't know if we can make it.*

- The present conditional can be used as it is in English to soften a request or a command. It is also often used with **dovere, potere,** and **volere** to express a suggestion, a wish, a preference, etc.

Mi **faresti** un grosso favore?	***Would you do** me a big favor?*
Lui **dovrebbe** chiamare sua madre.	***He should call** his mother.*

- The present conditional is used in indirect speech.

Si chiedeva quando **potrebbe** rivederla.	*He was asking himself when he **could see** her again.*

- The present conditional is used to express doubt or uncertainty about information being given.

Secondo lui, quell'uomo **potrebbe essere** un ladro.	*According to him that man **could be** a thief.*

---

esercizio   9-5

Rewrite the following sentences in English.

1. Comprerei molto pane.

   _____

2. Vedresti tutti i tuoi amici e parenti.

   _____

3. Lui sentirebbe le ultime notizie.

   _____

4. Lei comprerebbe molti vestiti.

   _____

5. Vorremmo andare al cinema.

   _____

6. Tu e Paolo fareste molte camminate.

   _____

7. Giocherebbero al pallone.

_____

8. Non leggeresti solo il giornale.

_____

9. Non piangerebbero sempre.

_____

10. Verreste a teatro con noi?

_____

11. Sareste contenti di venire a casa?

_____

12. Non sareste stanchi?

_____

13. Non saremmo in troppi?

_____

14. Fareste un favore alla signora?

_____

15. Secondo me, sarebbe meglio dormire.

_____

esercizio   9-6

Answer the following questions with complete sentences in the present conditional tense using the suggestions given in parentheses.

1. Dove ti piacerebbe andare? (in montagna)

_____

2. Viaggeresti da solo/a? (sì)

_____

3. Avresti bisogno di aiuto per fare le prenotazioni? (no)

_____

4. Quando potresti partire? (fra una settimana)

_____

5. Vorresti noleggiare una macchina? (sì)

_____

6. Preferiresti un albergo o un agriturismo? (agriturismo)

_____

7. Quanti giorni vorresti stare in vacanza? (due settimane)

_____

8. Chi vorresti incontrare? (degli italiani)

_____

9. Dove vorresti mangiare? (in tipici ristoranti della montagna)

_____

esercizio	9-7

You and your friend are writing to the coordinator of the Italian language school in Florence. Translate the following sentences into Italian.

1. My friend and I would like to study Italian in Italy this summer.

_____

2. We would come at the beginning of summer.

_____

3. We would like to spend two months in Florence.

_____

4. We would like to find a small hotel.

_____

5. If possible, we would prefer to live with an Italian family.

_____

6. We would like to stay with a family where nobody speaks English.

_____

7. When could we enroll?

_____

8. How many students would be in each class?

_____

9. How much would it cost for everything?

   _____

10. Where should we send the payment for the courses?

   _____

11. When could we call you?

   _____

12. Would we need a special permit to stay in Italy?

   _____

13. When would the courses start?

   _____

esercizio	9-8

Translate the following paragraph into English.

Dovrei studiare ma non ne ho voglia. Penso all'estate e dove potrei andare in vacanza. Mentre faccio progetti per le vacanze, e penso dove preferirei andare, vorrei bere qualche cosa di fresco. Non c'è niente nel frigorifero. Sarebbe bene fare del tè freddo. I miei genitori vorrebbero andare in montagna, io preferirei andare in campeggio. Potremmo andare in Puglia o in Calabria. Mio padre potrebbe venire con il pulmino perchè la mia mini è troppo piccola e non ci si sta dentro. I miei genitori sono molto simpatici e sarebbe molto piacevole andare in vacanza con loro. Quando ritornano dal lavoro glielo chiederò. Adesso sarebbe meglio studiare perchè c'è ancora molto tempo prima che arrivi l'estate.

   _____

   _____

   _____

   _____

   _____

   _____

   _____

   _____

vocabolario

adesso	now	**mini**	a small Italian car
avere voglia	to feel like	**pulmino**	van
campeggio	camping	**prima**	before
fresco	cool	**simpatico**	pleasant

The Past Conditional (*Condizionale Passato*)

The past conditional is a tense used to describe an action that would have been completed in the past if something else had happened. It corresponds to the English use of *would have + past participle* of the verb (*I would have spoken*).

The past conditional is a compound tense. It is formed by combining the conditional tense of the auxiliary **avere** and **essere** plus the past participle of the main verb. The past participle agrees with the subject when the verb is conjugated with the auxiliary **essere**.

	parlare, vendere, sentire (*I would have spoken, sold, heard*)	**andare** (*I would have gone*)
io	avrei parlato, venduto, sentito	sarei andato/a
tu	avresti parlato, venduto, sentito	saresti andato/a
lui/lei	avrebbe parlato, venduto, sentito	sarebbe andato/a
noi	avremmo parlato, venduto, sentito	saremmo andati/e
voi	avreste parlato, venduto, sentito	sareste andati/e
loro	avrebbero parlato, venduto, sentito	sarebbero andati/e

Io **avrei parlato** con il tuo amico.	*I would have spoken to your friend.*
Tu **non avresti venduto** la casa.	*You wouldn't have sold the house.*

The past conditional is used in dependent clauses to express a future action as seen from the past. In English the present conditional is used, but in Italian the past conditional is used.

Ha detto che **avrebbe scritto**.	*He said he **would write/would have written**.*

Remember the following rules for the past conditional:

- The past conditional is used after verbs of knowing, promising, and telling such as **promettere** (*to promise*), **sapere** (*to know*), and **dire** (*to tell, to say*) in the past.

> Hai detto che **avresti mangiato** tutto.   *You said that you **would have eaten** everything.*

- The past conditional is used to report a rumor or a fact that may or may not be true.

> L'aereo **sarebbe precipitato** sulle montagne.   ***It seems** that the plane **crashed** against the mountains.*

- The past conditional is used to express what would have happened but didn't, or what shouldn't have happened but did.

> **Avresti dovuto mettere** un'inserzione sul giornale.   *You **should have put** an ad in the newspaper. (But you didn't.)*
>
> **Non sarebbero andati** al teatro, ma erano stati invitati.   *They **wouldn't have gone** to the theater, but they had been invited.*

- When the main clause is expressed with the past tense of verbs such as **credere**, **dire**, **immaginare**, **pensare**, **promettere**, and **sperare**, the past conditional is used in Italian. English uses the simple conditional with such verbs.

> **Pensavo** che **sarebbero arrivati** prima di sera.   *I **was thinking** they **would be** here before dark.*

- When the dependent clause is introduced by **ma**, Italian uses the indicative in the dependent clause. If it is introduced by **se**, Italian uses the subjunctive, which you will study in the next chapter.

> **Sarei venuto ma non ho avuto** tempo.   *I **would have come**, but I **didn't have** time.*
>
> **Sarei venuto se avessi avuto** tempo.   *I **would have come** if I **had had** time.*

esercizio   10-1

Change the following sentences from the present conditional to the past conditional.

1. Io mangerei una mela. _____

2. Tu parleresti col dottore. _____

3. Lui penserebbe di venire domani. _____

4. Lei firmerebbe il documento. _____

5. Noi risponderemmo al telefono. _____

6. Voi scrivereste una cartolina. _____

7. Loro uscirebbero presto. _____

8. Io non comprerei le scarpe. _____

9. Verresti con noi? _____

10. Non inviterebbe molti amici. _____

11. Inviterebbero anche noi? _____

esercizio   10-2

Translate the following sentences into Italian.

1. I would have taken the bus. _____

2. You would have danced all night. _____

3. He would have known. _____

4. We would have answered. _____

5. She would have understood the lesson. _____

6. You (pl.) would have waited. _____

7. They would have traveled. _____

8. You shouldn't have answered. _____

9. Should she have written? _____

10. They wouldn't have known. _____

11. Should they have known? _____

esercizio   **10-3**

Complete the following sentences using the past conditional, showing what would have been done, but couldn't be, with the words suggested.

andare in centro	**andare a ballare**	**andare a nuotare**
arrivare in ritardo	**cantare**	**ridere**
andare a dormire	**entrare**	**riparare**

1. La signora Nanni _____ ma non aveva la macchina.

2. Loro _____ ma hanno preso un tassì.

3. Io _____ ma dovevo ancora finire di stirare.

4. Voi _____ ma la piscina era sporca.

5. Mio fratello _____ ma non conosceva quella canzone.

6. Noi _____ ma la discoteca era chiusa.

7. Voi _____ ma non avete trovato le chiavi.

8. Io _____ ma la commedia non era molto comica.

9. Tu _____ la motocicletta ma non avevi tempo.

esercizio   **10-4**

Supply the correct form of the verbs in parentheses in the past conditional and then translate the paragraphs into English.

Mussolini era un politico molto ambizioso. Secondo lui, l'Italia _____

(dovere) ritornare al passato glorioso dell'antico impero romano. Era convinto che sotto il

suo commando l'Italia _____ (ritornare) ad essere un grande impero.

Credeva che un'alleanza con la Germania lo _____ (aiutare) nella sua

ambiziosa idea. Mussolini ha fatto tante cose buone per l'Italia, come la costruzione di scuole,

strade, e ospedali. _____ (Dovere) ascoltare chi gli suggeriva che

_____ (essere) un errore allearsi con la Germania. Era troppo sicuro di

sè. Molti italiani lo seguirono ed erano certi che Mussolini sapeva quello che faceva e che

_____ (portare) l'Italia e gli italiani alla gloria del passato.

É salito al potere nel 1924. Nel 1943, quando la guerra è finita e l'Italia ha perso, la sua dittatura è caduta e lui è stato ucciso con la sua compagna in piazzale Loreto a Milano.

_____

_____

_____

_____

_____

_____

_____

vocabolario

alleanza	alliance	**piazzale**	square
ambizioso	ambitious	**seguirono**	followed
dittatura	dictatorship	**suggeriva**	suggested
impero	empire		

Compound Reflexive Verbs (*Verbi Riflessivi Composti*)

Compound tenses of reflexive verbs are formed by combining the auxiliary verb **essere** with the past participle of the verb.

	Present Perfect (*I woke up*)	**Past Perfect** (*I had woken up*)
io	**mi sono svegliato/a**	**mi ero svegliato/a**
tu	**ti sei svegliato/a**	**ti eri svegliato/a**
lui/lei	**si è svegliato/a**	**si era svegliato/a**
noi	**ci siamo svegliati/e**	**ci eravamo svegliati/e**
voi	**vi siete svegliati/e**	**vi eravate svegliati/e**
loro	**si sono svegliati/e**	**si erano svegliati/e**

	Future Perfect (*I will have woken up*)	**Past Conditional** (*I would have woken up*)
io	**mi sarò svegliato/a**	**mi sarei svegliato/a**
tu	**ti sarai svegliato/a**	**ti saresti svegliato/a**
lui/lei	**si sarà svegliato/a**	**si sarebbe svegliato/a**
noi	**ci saremo svegliati/e**	**ci saremmo svegliati/e**
voi	**vi sarete svegliati/e**	**vi sareste svegliati/e**
loro	**si saranno svegliati/e**	**si sarebbero svegliati/e**

The past participle of reflexive verbs agrees in gender and number with the subject.

I ragazzi si erano già **lavati.**	*The boys had already washed themselves.*
Il ragazzo si era già **lavato.**	*The boy had already washed himself.*

In compound tenses the reflexive pronouns precede the helping verb. In the negative, **non** precedes the reflexive pronoun.

Giovanna **si è alzata** tardi.   *Giovanna **woke up** late.*
Giovanna **non si è alzata** tardi.   *Giovanna **didn't wake up** late.*

---

esercizio   **11-1**

Rewrite the following sentences using the present perfect.

1. Carlo si fa la barba tutte le mattine. _____

2. I ragazzi si alzano tardi. _____

3. Io (f.) mi metto il vestito nuovo. _____

4. Paola si lava le mani. _____

5. Io (m.) mi siedo vicino alla porta. _____

6. Paolo si alza presto tutte le mattine. _____

7. Pietro e Anna si sposano. _____

8. Giovanna si diverte molto. _____

9. Giovanna e Teresa si divertono. _____

---

esercizio   **11-2**

Rewrite the following sentences using the past perfect.

1. I ragazzi si divertono molto. _____

2. Carlo si veste molto bene. _____

3. Giovanna si pettina. _____

4. Pietro e Anna si innamorano. _____

5. Io (m.) non mi sento molto bene. _____

6. Le ragazze si coprono perchè fa freddo. _____

7. I bambini si divertono al parco. _____

8. Il signore si pulisce le scarpe. _____

9. Le signore si puliscono le scarpe. _____

esercizio 11-3

Rewrite the following sentences using the future perfect.

1. Io (m.) mi siedo sulla poltrona. _____

2. Carlo si fa la barba. _____

3. Il bambino si addormenta. _____

4. Pietro e Anna si sposano. _____

5. Noi (m.) ci vestiamo. _____

6. Voi (f.) vi laureate. _____

7. Loro (m.) si spogliano. _____

8. Giovanna non si sveglia. _____

9. Carlo si dimentica. _____

esercizio 11-4

Rewrite the following sentences using the past conditional.

1. Quei ragazzi si alzano alle otto. _____

2. Luigi si sveglia presto. _____

3. Tu (m.) ti laurei in medicina. _____

4. Lei si fa la doccia. _____

5. Noi ci divertiamo molto. _____

6. Voi (f.) vi vestite di bianco. _____

7. Giovanna e Paola si mettono il cappotto. _____

8. Noi ci scusiamo. _____

9. Noi non ci scusiamo. _____

The Subjunctive Mood (*Modo Congiuntivo*)

Until now, except for the conditional, this book has covered the indicative mood of verbs. The word *mood* describes a subject's attitude. You will now learn how to use the subjunctive mood and how it allows the Italian speaker to express a variety of moods. It is used much more in Italian than in English.

The subjunctive mood expresses opinions, uncertainty, supposition, possibility, wishes, and doubts. It conveys the speaker's opinions and attitude.

It may seem difficult to remember these concepts, but there is a simple and basic rule that makes the subjunctive easier to master. The subjunctive implies subjectivity. If there is a chance that the action, feeling, or opinion being expressed has not or may not take place, use the subjunctive. If it is a fact that an action has been realized or will definitely be realized, the indicative is used. Take a look at the following sentences:

So che ti piace Roma.	*I know that you like Rome.*
Spero che ti piaccia Roma.	*I hope that you like Rome.*

The first sentence is in the indicative because the speaker expresses certainty that you like Rome. The second clause of the second sentence is in the subjunctive because the speaker doesn't know if you will like Rome, but he hopes that you do.

The subjunctive is mostly found in a dependent clause. It is used mainly after the following verbs: **pensare** (*to think*), **credere** (*to believe*), **sperare** (*to hope*), **dubitare** (*to doubt*), **non sapere** (*do not know*), **avere paura** (*to be afraid*), **volere** (*to want*), **desiderare** (*to wish*), and others that are expressed in the indicative. Therefore, the verb in the main clause is in the indicative, and the **che** clause is in the subjunctive.

Spero che tu **venga**.	*I hope that you come.*
Lui **desidera** che tu **venga**.	*He wants you to come.*

Exactly how and when to use the subjunctive will be explained in the next few units. If you follow the explanations and are diligent in doing the exercises that accompany them, you will soon be competent and comfortable in using the subjunctive.

As previously mentioned, the subjunctive is seldom used independently. It is usually preceded by a main clause connected by **che**.

	main clause	+	che	+	dependent clause
Io	**credo**		**che**		**lei canti** in italiano.
I	*think*		*that*		*she sings in Italian.*

The subjunctive has four tenses: present, past, imperfect, and pluperfect.

The Present Subjunctive (*Congiuntivo Presente*)

The present subjunctive states actions that may take place in the present or in the future.

È necessario che tu beva.	*It is necessary that you drink.* (now)
È possible che arrivino tardi.	*It is possible they'll arrive late.* (future)

The present subjunctive is formed by adding the required endings to the root of the verbs. The root of the present subjunctive of most regular and irregular verbs is formed by:

- dropping the **-o-** of the first-person singular of the present indicative

- adding the endings of the present subjunctive for each conjugation to the root

	parlare (*to speak*)	**scrivere** (*to write*)	**sentire** (*to hear*)	**capire** (*to understand*)
che io	parl**i**	scriv**a**	sent**a**	cap**isca**
che tu	parl**i**	scriv**a**	sent**a**	cap**isca**
che lui/lei	parl**i**	scriv**a**	sent**a**	cap**isca**
che noi	parl**iamo**	scriv**iamo**	sent**iamo**	cap**iamo**
che voi	parl**iate**	scriv**iate**	sent**iate**	cap**iate**
che loro	parl**ino**	scriv**ano**	sent**ano**	cap**iscano**

Note that in the present subjunctive the endings of **-ere** and **-ire** verbs are the same.

The **noi** and **voi** endings are the same for all three conjugations. The third-person plural endings add **-no** to the singular ending. Verbs with spelling changes in the present indicative have the same spelling irregularities in the subjunctive. Because the first three persons of each conjugation are the same, if the subject is unclear, the personal pronoun is normally used to avoid confusion.

All **-are**, **-ere**, and **-ire** verbs that are regular in the present indicative are conjugated like **parlare**, **scrivere**, **sentire**, and **capire** in the present subjunctive.

esercizio 12-1

Complete the following sentences with the appropriate forms of the present subjunctive for the verbs in parentheses.

1. Io voglio che tu _____ (aprire) la porta.

2. Lei desidera che tu _____ (scrivere) spesso.

3. Ho paura che tu _____ (cadere) sul ghiaccio.

4. Mio padre vuole che io _____ (chiamare) tutte le settimane.

5. Voglio che tu _____ (sentire) bene quello che ti dico.

6. Desidero che tu _____ (ballare) con lui.

7. Credo che voi _____ (guardare) troppo la televisione.

8. Penso che loro _____ (camminare) molto in fretta.

9. Abbiamo paura che lei _____ (spendere) troppo.

The verbs ending in **-care** and **-gare** add an **-h-** in all forms of the present subjunctive.

	giocare (*to play*)	**pagare** (*to pay*)
che io	gio**chi**	pag**hi**
che tu	gio**chi**	pag**hi**
che lui/lei	gio**chi**	pag**hi**
che noi	gio**chiamo**	pag**hiamo**
che voi	gio**chiate**	pag**hiate**
che loro	gio**chino**	pag**hino**

The verbs ending in **-ciare** and **-giare** do not repeat the **-i-**.

	cominciare (*to begin, start*)	**mangiare** (*to eat*)
che io	cominc**i**	mang**i**
che tu	cominc**i**	mang**i**
che lui/lei	cominc**i**	mang**i**
che noi	cominc**iamo**	mang**iamo**
che voi	cominc**iate**	mang**iate**
che loro	cominc**ino**	mang**ino**

esercizio   12-2

Complete the following sentences with the appropriate forms of the present subjunctive for the verbs in parentheses.

1. Io voglio che tu _____ (pagare) i debiti.

2. Tu credi che la lezione _____ (cominciare) tardi tutte le sere.

3. Lei spera che tu _____ (mangiare) da lei questa sera.

4. Voglio che loro _____ (mangiare) la colazione tutte le mattine.

5. Dubito che loro _____ (giocare) a carte.

6. Il bambino vuole che io _____ (cercare) la palla.

7. Non voglio che nessuno _____ (toccare) il cristallo.

8. Dubitiamo che lui _____ (pagare) il conto.

9. Penso che voi _____ (cominciare) a lavorare troppo tardi.

Since the first-person singular of the present indicative is the root for the present subjunctive, most of the verbs with an irregular root in the first person of the present indicative will have an irregular root for the present subjunctive. Take a close look at the following verbs:

	bere	**dire**	**fare**	**potere**
	(*to drink*)	(*to tell, say*)	(*to do, make*)	(*to be able*)
PRESENT INDICATIVE				
	bevo (io)	**dico**	**faccio**	**posso**
PRESENT SUBJUNCTIVE				
che io	be**va**	di**ca**	fa**ccia**	po**ssa**
che tu	be**va**	di**ca**	fa**ccia**	po**ssa**
che lui/lei	be**va**	di**ca**	fa**ccia**	po**ssa**
che noi	be**viamo**	di**ciamo**	fa**cciamo**	po**ssiamo**
che voi	be**viate**	di**ciate**	fa**cciate**	po**ssiate**
che loro	be**vano**	di**cano**	fa**cciano**	po**ssano**

Note: **facci-** and **vogli-** drop the **-i-** before the **noi** ending of **-iamo** (**facciamo** and **vogliamo** and not **facciiamo** and **vogliiamo**).

Some verbs have an irregular present subjunctive in the **io, tu, lui, lei,** and **loro** forms (from the **io** form of the present indicative) but return to the **noi** and **voi** forms of the present indicative for the **noi** and **voi** forms of the subjunctive.

dovere (*must*)

PRESENT INDICATIVE		PRESENT SUBJUNCTIVE	
io	devo (debbo)	che io	deva (debba)
tu	devi	che tu	deva (debba)
lui/lei	deve	che lui,lei	deva (debba)
noi	dobbiamo	che noi	dobbiamo
voi	dovete	che voi	dobbiate
loro	devono (debbono)	che loro	debbano

You will now study a few verbs that follow the same pattern as **dovere** in the present subjunctive.

	andare (*to go*)	**rimanere** (*to remain*)	**salire** (*to go up*)
che io	vada	rimanga	salga
che tu	vada	rimanga	salga
che lui/lei	vada	rimanga	salga
che noi	andiamo	rimaniamo	saliamo
che voi	andiate	rimaniate	saliate
che loro	vadano	rimangano	salgano

	tenere (*to keep*)	**valere** (*to be worth*)	**venire** (*to come*)
che io	tenga	valga	venga
che tu	tenga	valga	venga
che lui/lei	tenga	valga	venga
che noi	teniamo	valiamo	veniamo
che voi	teniate	valiate	veniate
che loro	tengano	valgano	vengano

	apparire (*to appear*)	**morire** (*to die*)	**cuocere** (*to cook*)
che io	appaia	muoia	cuocia
che tu	appaia	muoia	cuocia
che lui/lei	appaia	muoia	cuocia
che noi	appariamo	moriamo	cociamo/cuociamo
che voi	appariate	moriate	cociate/cuociate
che loro	appaiano	muoiano	cuociano

	sedere (*to sit*)	**suonare** (*to play, ring*)	**uscire** (*to go out*)
che io	sieda	suoni	esca
che tu	sieda	suoni	esca
che lui/lei	sieda	suoni	esca
che noi	sediamo	suoniamo	usciamo
che voi	sediate	suoniate	usciate
che loro	siedano	suonino	escano

esercizio	12-3

Translate the following sentences into Italian.

1. It is possible that they'll come right away. _____

2. Carlo wants you (pl.) to do your homework. _____

3. I think that you will understand the lesson. _____

4. I don't want you to keep the door open. _____

5. He hopes that we will come to his house. _____

6. She wants her to sit down. _____

7. I think that they must go. _____

8. He hopes that we tell the truth. _____

9. I think that it's time that they go home. _____

The verbs **avere**, **essere**, **sapere**, **dare**, and **stare** are all irregular in the present subjunctive. Study the following forms:

avere	essere	sapere	dare	stare
abbia	sia	sappia	dia	stia
abbia	sia	sappia	dia	stia
abbia	sia	sappia	dia	stia
abbiamo	siamo	sappiamo	diamo	stiamo
abbiate	siate	sappiate	diate	stiate
abbiano	siano	sappiano	diano	stiano

esercizio	12-4

Complete the following sentences with the appropriate forms of the verbs in parentheses using the present subjunctive.

1. Io spero che tu _____ (sapere) la lezione.

2. Perchè vuoi che io ti _____ (dare) il suo indirizzo?

3. Penso che voi gli _____ (portare) tanti regali.

4. È possibile che tu non _____ (sapere) la notizia.

5. Desideriamo che voi _____ (avere) tutti i conforti.

6. Non voglio che voi _____ (avere) freddo.

7. Lui spera che voi _____ (stare) in America per tanto tempo.

8. Giovanna vuole che loro _____ (stare) a casa loro.

9. Carlo e Maria pensano che lei _____ (essere) molto dimagrita.

The subjunctive is used after verbs and expressions of command, demand, desire, permission, preference, request, and wishing. Some commonly used verbs requiring the subjunctive are listed below.

- Verbs of desire, hope, preference, and will

desiderare	*to wish*
sperare	*to hope*
preferire	*to prefer*
volere	*to want*

Desidero che tu **legga**.	*I want you to read.*
Spero che arrivino presto.	*I hope that they will arrive early.*
Preferite che io vada al ristorante?	*Do you prefer that I go to the restaurant?*
Tu non vuoi che noi ti **aspettiamo**.	*You don't want us to wait for you.*

- Verbs of emotion

arrabbiarsi	*to get angry*
avere paura	*to be afraid*
dispiacersi	*to be sorry*
essere contento, triste	*to be happy, sad*
temere	*to fear*

Ho paura che non trovino la strada.	*I am afraid that they will not find the road.*
Sono contenta che lei **sia arrivata**.	*I am happy that she has arrived.*
Mi dispiace che oggi **non ci sia** il sole.	*I am sorry that today there is no sun.*

- Verbs expressing command

esigere	*to demand*
ordinare	*to order*
pretendere	*to demand, to claim*
richiedere	*to request, to demand*

Io richiedo che vi togliate le scarpe quando **entrate**.	*I request that you take off your shoes when you come in.*
Pretendo che voi **mi aiutiate**.	*I demand that you help me.*
Esigo che usiate la massima attenzione.	*I demand that you use the maximum attention.*

- Verbs expressing permission or prohibition

lasciare	*to let*
consentire	*to allow, to permit*
impedire	*to prevent*
permettere	*to allow*
proibire	*to forbid*

Io permetto che voi **parliate** in classe.	*I allow you to talk in class.*
Tu proibisci che stiamo fuori fino a tardi.	*You forbid us to stay out too late.*

esercizio	**12-5**

*Rewrite the following sentences using the subjunctive with **spero che**.*

1. Lui abita qui vicino. _____

2. Lui scrive una cartolina. _____

3. Lei cammina molto. _____

4. Noi arriviamo presto. _____

5. Voi studiate all'università. _____

6. Carlo impara a suonare il piano. _____

7. Maria non perde l'autobus. _____

8. Carlo e Maria non litigano. _____

9. Tu giochi al tennis. _____

esercizio	**12-6**

*Rewrite the following sentences using the subjunctive with **mi dispiace che**.*

1. Tu stai poco bene. _____

2. Lui è troppo impegnato. _____

3. Lei ha il raffreddore. _____

4. Noi non possiamo venire da te. _____

5. Voi siete molto stanchi. _____

6. Loro mangiano troppo. _____

7. Tu non giochi al tennis. _____

8. Il bambino piange sempre. _____

9. Voi non potete venire a visitarci. _____

esercizio   12-7

*Rewrite the following sentences using the subjunctive with **preferisco che**.*

1. Tu metti questo vestito. _____

2. Lei studia il francese. _____

3. Lui parla con il direttore. _____

4. Noi andiamo al cinema. _____

5. Voi dormite e vi riposate. _____

6. Tu ti alzi presto. _____

7. Voi andate in vacanza al mare. _____

8. Voi venite da noi. _____

9. Loro viaggiano in macchina. _____

esercizio   12-8

Rewrite the following sentences using the present subjunctive or the infinitive of the verbs in parentheses.

1. Io voglio che tu (andare). _____

2. Dubitiamo che lui (arrivare). _____

3. Speri che io vi (visitare). _____

4. Speriamo che lui (capire). _____

5. Penso che tu (potere). _____

6. Dubito che tu (potere). _____

7. Carlo vuole che io (ascoltare). _____

8. Penso che Mario (comprare) la frutta. _____

9. Dubito che voi (studiare). _____

10. Spero di (finire). _____

11. Speriamo di (partire). _____

12. Dubitate di (finire). _____

The Subjunctive with Impersonal Expressions

The subjunctive is used in a dependent **che** clause after impersonal expressions of possibility, opinion, and probability. Following are some impersonal expressions that require the use of the subjunctive:

È necessario che...	*It is necessary that . . .*
Basta che...	*It is enough that . . .*
È probabile che...	*It is probable that . . .*
È peccato che...	*It is a pity that . . .*
È opportuno che...	*It is opportune that . . .*
È raro che...	*It is rare that . . .*
È improbabile che...	*It is improbable that . . .*
È facile che...	*It is possible that . . .*
È bene che...	*It is good that . . .*
È difficile che...	*It is difficult that . . .*
È necessario che...	*It is necessary that . . .*
È meglio che...	*It is better that . . .*
Bisogna che...	*It is necessary that . . .*
È giusto che...	*It is right that . . .*
È importante che...	*It is important that . . .*
È possibile che...	*It is possible that . . .*
È impossibile che...	*It is impossible that . . .*
È preferibile che...	*It is preferable that . . .*
Non importa che...	*It is not important that . . .*

È probabile che piova domani.	***It is probable that it will rain*** tomorrow.
È facile che io vada al cinema.	***It is possible I will go*** to the movie.
Bisogna che voi studiate.	***It is necessary that you study.***

The impersonal expressions are followed by an infinitive instead of the subjunctive if no subject is expressed.

È importante che impariate la lingua inglese.   ***It is important that you learn*** English.

But:

È importante imparare l'inglese.   ***It is important to learn*** English.

If the impersonal expression states certainty, you have to use the indicative instead of the subjunctive. The following expressions require the indicative.

È certo che...	*It is certain that . . .*
È evidente che...	*It is obvious that . . .*
È ovvio che...	*It is obvious that . . .*
È chiaro che...	*It is clear that . . .*

esercizio   12-9

Put each sentence in the subjunctive or the indicative as needed.

1. È importante che tu _____ (scrivere) una lettera o due.

2. È probabile che io _____ (ritornare) tardi.

3. È necessario che noi _____ (partire) domani.

4. È difficile che voi _____ (essere) molto in ritardo.

5. È meglio che tu _____ (stare) a casa tutto il giorno.

6. È raro che _____ (essere) rotta.

7. È giusto che _____ (io ti dare) i soldi.

8. È bene che voi _____ (mangiare) la frutta.

9. È possibile che noi _____ (venire) da voi.

10. È certo che noi _____ (parlare) con il padrone di casa.

11. È chiaro che voi _____ (volere) vedere i conti.

12. È ovvio che non vi _____ (piacere) quella persona.

The subjunctive is used with the following subordinate expressions:

a meno che	unless	**malgrado**	although
a patto che	provided that	**nonostante che**	although
affinché	in order that	**prima che**	before
benché	although	**purché**	provided that
cosí che	so that	**sebbene**	although, even if
dopo che	after	**senza che**	without
finché non	until		

It is also used with the following pronouns and adjectives:

chiunque	whoever	**ovunque**	wherever
dovunque	wherever	**qualunque**	whatever

esercizio   12-10

Complete the following sentences with the appropriate form of the verbs in parentheses.

1. Vengo anch'io, purché ci _____ (essere) anche tu.

2. Benché _____ (nevicare) non fa molto freddo.

3. Malgrado ci _____ (essere) molta gente, è bello stare sulla spiaggia.

4. Chiunque _____ (volere) venire, dovrà comprare i biglietti.

5. Prima che Maria _____ (partire), spero che mi _____ (venire) a salutare.

6. A meno che non _____ (fare) bel tempo, staremo a casa tutto il giorno.

7. Sebbene _____ (essere) già in aereo, non siete ancora partiti.

8. Dovunque voi _____ (andare), aspetto la vostra telefonata.

9. Benché _____ (arrivare) tardi, li aspettiamo con molta ansia.

   The subjunctive is used with a clause that modifies a negative expression such as **non...nessuno che, non...niente che**.

esercizio   12-11

Complete the following negative expressions using the appropriate form of the verbs in parentheses in the subjunctive.

1. Non c'è niente che lo _____ (svegliare).

2. In Svizzera non c'è nessun negozio che _____ (aprire) alla domenica.

3. Non c'è nessun posto che _____ (piacere) a tuo marito.

4. Non c'è niente che mi _____ (disturbare).

5. Non c'è nessun tesoro che _____ (valere) come la salute.

6. Non c'è nessun poliziotto che ti _____ (proteggere).

7. Non c'è niente che ti _____ (fare) cambiare idea.

8. Non c'è nessuno che ci _____ (aiutare).

9. Non cè niente che tu non _____ (sapere) fare.

The subjunctive is used with a relative superlative: **il/la, i/le...più...che**.

Lei è **la più** bella ragazza **che io conosca**.	*She is **the most** beautiful girl **that I** know.*
È la chiesa **più vecchia che** ci **sia**.	*It is **the oldest** church **that there is**.*

The subjunctive is used in relative clauses when the word that modifies it is indefinite. If it is definite, the indicative is used.

Conosco una traduttrice **che parla** cinque lingue.	*I know a translator **who speaks** five different languages.*
Ho bisogno di una traduttrice **che parli** cinque lingue.	*I need a translator **who speaks** five different languages.* (I don't know one yet.)

esercizio   12-12

Complete the following sentences with the appropriate forms and tenses of the verbs in parentheses.

1. Abbiamo una casa che _____ (avere) molti piani.

2. Cerco una persona che _____ (fare) le pulizie.

3. Conosco molti studenti che _____ (studiare) sempre.

4. Abbiamo bisogno di studenti che _____ (studiare) molto.

5. Hanno un gatto che _____ (miagolare) continuamente.

6. Cerchiamo delle case che non _____ (avere) molti piani.

7. Cercano un negozio che _____ (vendere) articoli sportivi.

8. Conosciamo un negozio che _____ (vendere) articoli sportivi.

9. Lui ha bisogno di una cravatta che _____ (andare) con l'abito elegante.

10. È la segretaria più intelligente che io _____ (conoscere).

11. È il dottore più conosciuto che _____ (esistere).

12. È l'agenzia di viaggi più informata che ci _____ (essere) in questa città.

esercizio   12-13

Fill in the spaces with the correct forms of the verbs in parentheses and translate the paragraph into English.

In Italia, quasi tutti i giorni c'è uno sciopero. Ho l'impressione che gli italiani non

_____ (avere) più voglia di lavorare. Con gli scioperi la gente spera di ottenere degli

aumenti di stipendio. È necessario che il governo e i sindacati _____ (ascoltare) i

lavoratori. La gente dice che lavora molto ma non guadagna abbastanza. È possibile che la

gente _____ (esagerare), ma è certo che non _____ (potere) continuare ad

aumentare il costo delle merci senza aumentare gli stipendi. Sembra che gli scioperi

_____ (aiutare) la gente ad ottenere quello che desidera, ma in realtà non si ottiene

mai niente o abbastanza per giustificare tali scioperi e perdite di ore lavorative.

_____

_____

_____

_____

_____

_____

_____

_____

vocabolario

aumenti	increases (n.)	**merci**	merchandise
avere voglia	to wish, want	**ottenere**	to obtain
giustificare	justify	**sciopero**	strike
lavoratori	workers	**sindacati**	unions

The Imperfect Subjunctive (*Congiuntivo Imperfetto*)

The imperfect subjunctive, like the present subjunctive, is used after certain verbs, impersonal expressions, and conjunctions. The main difference between these two tenses is the time of the action. If the action is in the present, the present subjunctive is used. If the action is related to the past, the imperfect subjunctive is used.

If the verb of the main clause is expressed in the past tense or conditional, the imperfect subjunctive is used in the dependent **che** clause.

Maria **pensa che io arrivi**.	*Maria thinks that I will arrive.*
Maria **pensava che io arrivassi**.	*Maria thought I would arrive.*

The imperfect subjunctive is used in sentences when the main clause requires the subjunctive and when the verb of the main clause is in the past indicative or in the conditional. The main clause can be in the imperfect indicative, preterite, perfect, and conditional. But the dependent clause will be in the imperfect subjunctive.

Speravo che tu venissi.	*I hoped that you would come.*
Sperai che tu venissi.	*I hoped that you would come.*
Ho sperato che tu venissi.	*I hoped that you would come.*
Spererei che tu venissi.	*I would hope that you come.*

The imperfect subjunctive for regular verbs is formed as follows:

- Verbs ending in **-are** form the imperfect subjunctive by dropping the infinitive ending and adding: **-assi**, **-assi**, **-asse**, **-assimo**, **-aste**, and **-assero** (parl**are**, parl**assi**).

- Verbs ending in **-ere** drop the infinitive ending and add: **-essi**, **-essi**, **-esse**, **-essimo**, **-este**, and **-essero** (ved**ere**, ved**essimo**).

- Verbs ending in **-ire** drop the infinitive ending and add: **-issi**, **-issi**, **-isse**, **-issimo**, **-iste**, and **-issero** (sent**ire**, sent**issimo**).

	parlare (*to speak*)	**vedere** (*to see*)	**sentire** (*to hear*)
che io	parl**assi**	ved**essi**	sent**issi**
che tu	parl**assi**	ved**essi**	sent**issi**
che lui/lei	parl**asse**	ved**esse**	sent**isse**
che noi	parl**assimo**	ved**essimo**	sent**issimo**
che voi	parl**aste**	ved**este**	sent**iste**
che loro	parl**assero**	ved**essero**	sent**issero**

There are no irregular **-ire** verbs in the imperfect subjunctive. Very few verbs are irregular in the imperfect subjunctive. The ones that are irregular simply use the Latin or the old Italian infinitive to form the root for the imperfect subjunctive.

Infinitive	**Root for the Imperfect Subjunctive**	**Imperfect Subjunctive**
bere	**bev** (*from* **bevere**)	**che io bevessi, bevessi, bevesse, ecc.**
dire	**dic** (*from* **dicere**)	**che io dicessi, dicessi, dicesse, ecc.**
fare	**fac** (*from* **facere**)	**che io facessi, facessi, facesse, ecc.**
condurre	**conduc** (*from* **conducere**)	**che io conducessi, conducessi, conducesse, ecc.**
tradurre	**traduc** (*from* **traducere**)	**che io traducessi, traducessi, traducesse, ecc.**

The following verbs are irregular in all the forms of the imperfect subjunctive:

	essere	dare	stare
	(*to be*)	(*to give*)	(*to stay*)
che io	**fossi**	**dessi**	**stessi**
che tu	**fossi**	**dessi**	**stessi**
che lui/lei	**fosse**	**desse**	**stesse**
che noi	**fossimo**	**dessimo**	**stessimo**
che voi	**foste**	**deste**	**steste**
che loro	**fossero**	**dessero**	**stessero**

The same rules that apply to the use of present subjunctive are used for the imperfect subjunctive. When the verb in the main clause is in the imperfect indicative, perfect, or conditional, the dependent clause uses the imperfect subjunctive.

Speravo che tu **venissi** subito a casa.	*I hoped you would come home right away.*
Ho voluto che loro **studiassero**.	*I wanted them to study.*
Vorrei che tuo fratello **chiamasse**.	*I would like your brother to call.*

esercizio   12-14

Complete the following sentences with the appropriate forms of the imperfect subjunctive for the verbs in parentheses.

1. Noi volevamo che i nostri figli _____ (dire) la verità.

2. Mio padre ha proibito che io _____ (andare) a ballare.

3. Io preferirei che voi _____ (tornare) indietro.

4. Era necessario che loro _____ (leggere) la lezione.

5. La maestra ordinò che gli studenti non _____ (fumare) in classe.

6. Noi volevamo che lei _____ (rimanere) in Italia.

7. Lei vorrebbe che io le _____ (regalare) un orologio d'oro.

8. Ho proibito che i bambini _____ (giocare) vicino al fiume.

9. Preferireste che loro _____ (comprare) un divano.

10. Io avevo paura che tu non lo _____ (comprare).

11. Speravamo che Carlo _____ (arrivare) con il treno delle otto.

12. Era impossibile che lui _____ (finire) il lavoro.

13. I miei amici volevano che io _____ (fare) una cena per tutti.

14. Volevo che ti _____ (lavare) bene la faccia.

15. Pensavo che lui _____ (potere) tradurre questo documento.

esercizio	12-15

Rewrite the following sentences in Italian, using the imperfect subjunctive. Sometimes an infinitive will be needed.

1. I wanted you (sing.) to come. _____

2. I hoped you (sing.) would come. _____

3. I believed he would write a few letters. _____

4. He thought she would clean. _____

5. I didn't know she would come too. _____

6. It would be necessary for them to leave. _____

7. My father wanted us to work all day long. _____

8. She wished to sleep all day long. _____

9. You wanted us to go home. _____

10. She wanted to ask the doctor. _____

11. You (sing.) thought he would come. _____

12. You (sing.) thought that he could study. _____

13. They wanted me to cook. _____

14. I hoped she would be well for the wedding. _____

15. I would like to sleep all day long. _____

esercizio	12-16

Rewrite the following sentences using the imperfect subjunctive.

1. Spera che voi studiate. _____

2. Desiderano che li chiamiamo. _____

3. Proibiscono che noi fumiamo in ufficio. _____

4. Ho paura che tu lo veda. _____

5. Preferisco che loro vengano a casa mia. _____

6. Insisto che tu finisca i compiti. _____

7. Penso che voi vi ricordiate. _____

8. Credo che tu venga. _____

9. Spero che tu parli. _____

10. Spero che tu non dica niente. _____

11. Dubito che comprino la casa. _____

12. Penso che lui sia americano. _____

13. Immagino che voi siate stanchi. _____

14. Non crede che voi viaggiate in macchina. _____

15. Non penso che voi vi ricordiate. _____

The imperfect subjunctive is used after adverbial expressions if the main clause is in the imperfect indicative, preterite, perfect, or conditional.

Refer to the list of adverbial expressions presented earlier in this unit in the section on the present subjunctive (**benché**, **a patto che**, **sebbene**, etc.).

Avevo paura che voi **non veniste**.	*I was afraid you would not come.*
C'era molta gente **benché fosse** molto freddo.	*There were many people, even if it was very cold.*

esercizio   12-17

Complete the following sentences with the appropriate forms of the imperfect subjunctive for the verbs in parentheses.

1. Benché ci _____ (essere) molta neve siamo andati a lavorare.

2. Saremmo andati a patto che _____ (venire) anche loro.

3. Non era difficile da trasportare sebbene _____ (essere) molto pesante.

4. Lei ha lavorato tutto il giorno sebbene _____ (avere) il raffreddore.

5. Dovevo andare nonostante che _____ (essere) molto stanco.

6. Non volevano aspettarmi a meno che _____ (portare) loro la cena.

7. Avevano pulito la casa affinché tu _____ (fare) bella figura.

8. Loro ascoltavano la radio, sebbene tu _____ (suonare) la chitarra.

9. Sono venuti prima che Giovanna li _____ (chiamare).

10. Benché _____ (avere) paura del buio, non ha acceso la luce.

esercizio   12-18

Complete the sentences with the correct forms of the imperfect subjunctive and then translate the paragraphs into English, using the vocabulary words that follow.

Giovanna ieri è andata in centro con la sua amica Maria. Si sono fermate davanti alle vetrine

dei negozi e hanno sognato. Giovanna ha detto: «Se io _____ (avere) molti soldi, mi

comprerei una camicetta di seta. Penso che se _____ (essere) possible e non

_____ (costare) molto, comprerei anche una gonna alla moda. _____

(comprare) anche le scarpe. Farei tutto questo se _____ (essere) possibile, ma non

posso perchè sono una studentessa e non ho molti mezzi.» Maria ha detto: «Se io

_____ (avere) molti soldi, andrei in un'agenzia di viaggi e chiederei degli opuscoli

per andare in un'isola lontana da tutto e da tutti. Vorrei affittare una villetta. Vorrei che questa

villetta _____ (essere) vicino la spiaggia, ma _____ (avere) anche la piscina.

Vorrei che ci _____ (essere) molte camere così potrei invitare degli amici. Assumerei

delle persone che _____ (sapere) cucinare bene. Vorrei girare per poter conoscere

bene l'isola. Insomma mi divertirei e mi riposerei.»

_____

_____

_____

_____

_____

_____

_____

_____

vocabolario			
assumere	to hire	**opuscoli**	brochures
camicetta	blouse	**piscina**	pool
gonna	skirt	**seta**	silk
isola	island	**spiaggia**	beach
moda	fashion	**vetrine**	shop windows

The Past Subjunctive (*Congiuntivo Passato*)

The past subjunctive is used in a dependent **che** clause to express the speaker's feelings toward a recent past action when the verb in the main clause is in the present indicative. The present subjunctive of **avere** or **essere** + the past participle of the verb is used.

The action in the **che** clause is in the past, while the action in the main clause is in the present tense.

Credo che abbiano vinto la partita.	*I think that they won the game.*
Dubito che voi abbiate vinto.	*I doubt that you have won.*

	parlare	**vendere**	**sentire**
	(*to speak*)	(*to sell*)	(*to hear*)
che io	**abbia parlato**	**abbia venduto**	**abbia sentito**
che tu	**abbia parlato**	**abbia venduto**	**abbia sentito**
che lui/lei	**abbia parlato**	**abbia venduto**	**abbia sentito**
che noi	**abbiamo parlato**	**abbiamo venduto**	**abbiamo sentito**
che voi	**abbiate parlato**	**abbiate venduto**	**abbiate sentito**
che loro	**abbiano parlato**	**abbiano venduto**	**abbiano sentito**

Following is the conjugation of the past subjunctive using **essere**:

	partire	**vestirsi**
	(*to leave, to depart*)	(*to get dressed*)
che io	**sia partito/a**	**mi sia vestito/a**
che tu	**sia partito/a**	**ti sia vestito/a**
che lui/lei	**sia partito/a**	**si sia vestito/a**
che noi	**siamo partiti/e**	**ci siamo vestiti/e**
che voi	**siate partiti/e**	**vi siate vestiti/e**
che loro	**siano partiti/e**	**si siano vestiti/e**

As with the present subjunctive and the imperfect subjunctive, the past subjunctive is used after expressions of doubt, emotion, wishing, and impersonal expressions.

Dubito che tu **abbia parlato**.	*I doubt that you spoke.*
Sono contenta che tu **abbia lavorato**.	*I am happy that you worked.*
È impossibile che siano già **partiti**.	*It is impossible that they have already left.*

The past subjunctive is used to express a past action that has taken place before the action of the main verb. Notice the use of the present and past subjunctive in these sentences:

Spero che **Carlo legga** il libro.	*I hope Carlo **will read** the book.*
Spero che Carlo **abbia letto** il libro.	*I hope Carlo **read** the book.*

esercizio 12-19

Complete the following sentences with the appropriate forms of the past subjunctive.

1. Credo che loro _____ (arrivare) con il treno.

2. Non credo che voi _____ (essere) ammalati.

3. Carlo dubita che voi vi _____ (alzare) presto.

4. È impossibile che voi _____ (bussare) alla porta.

5. Giovanna pensa che lui _____ (svelare) il segreto.

6. Non credo che voi _____ (andare) in Italia.

7. Penso che _____ (fare) molto freddo.

8. Dubito che noi _____ (capire) dove andare.

9. È importante che voi _____ (arrivare) prima di tutti.

10. Loro credono che tu _____ (lavorare) tutto il fine settimana.

11. Lui crede che loro _____ (rubare) questa macchina.

12. Mi dispiace che tua sorella _____ (dire) quelle cose.

The past subjunctive is the equivalent of the present perfect in the indicative mood. Note the following examples:

So che **sei andato** al cinema con Maria.	*I know that you **went** to the movie with Maria.*
Penso che tu **sia andato** al cinema con Maria.	*I think that you **went** to the movie with Maria.*
So che **hai lavorato** molto.	*I know that you **worked** a lot.*
Penso che tu **abbia lavorato** molto.	*I think you **worked** a lot.*

esercizio   12-20

Complete the following sentences with the present perfect or the past subjunctive as necessary.

1. È bene che Paolo _____ (venire).

2. So che Paola _____ (venire).

3. Siamo certi che lei _____ (parlare).

4. Speriamo che lei _____ (parlare).

5. Sono sicura che voi _____ (nuotare).

6. Spero che voi _____ (nuotare).

7. È possibile che Carlo _____ (partire).

8. So che Carlo non _____ (partire).

9. Siete sicuri che lui non _____ (ricevere) la lettera?

10. Non siamo certi che lui _____ (ricevere) la lettera.

11. La maestra sa che gli studenti _____ (capire) tutto.

12. La maestra non crede che gli studenti _____ (capire) tutto.

esercizio   12-21

Fill in the spaces with the imperfect subjunctive and past subjunctive and then translate the paragraph into English.

Ieri pomeriggio dovevo fare una presentazione fotografica del mio ultimo viaggio. Avevo

preparato tutto la sera prima e pensavo che mio marito _____ (mettere)

nella scatola tutti i cavi necessari. I cavi non c'erano! Non pensavo che

_____ (dimenticare) una cosa così importante. I miei amici pensavano

che io _____ (scherzare) quando ho detto che non avevo le prolunghe.

Ho preso la macchina e sono andata a casa a prendere quello che mi occorreva. Quando sono

arrivata lì, ho suonato il campanello e aspettavo che qualcuno mi _____

(venire) ad aprire la porta. Non c'era nessuno in casa! Speravo che mio marito

_____ (lasciare) la porta del garage aperta. Era chiusa. Speravo che

_____ (mettere) una chiave di riserva fuori. Niente da fare. Ero

disperata! In quel momento ho sentito una macchina arrivare. Era mio figlio. Ho preso il

necessario e sono ritornata a casa dei miei amici dove ho potuto finalmente fare la mia

presentazione!

_____

_____

_____

_____

_____

_____

_____

_____

_____

_____

_____

_____

vocabolario

chiave	key	**presentazione**	presentation
disperata	desperate	**prolunghe**	extensions, cables
niente	nothing	**riserva**	extra
occorreva	to be needed	**scherzare**	to joke

The Past Perfect Subjunctive (*Congiuntivo Trapassato*)

The past perfect subjunctive is used when the action of the verb in the dependent clause happened before the action of the verb in the main clause, which is in the past. The independent clause is in a past tense or in the conditional. It is formed by the imperfect subjunctive of **avere** and **essere** + the past participle of the verb.

Present Indicative	Perfect Subjunctive	Imperfect Indicative	Past Perfect Subjunctive
Credo che Mario	**sia venuto.**	**Credevo che**	Mario **fosse venuto.**
I think that Mario	*came.*	*I thought that*	*Mario **had come.***

The following chart shows the conjugations of the past perfect subjunctive with **essere** and **avere**:

	parlare	vendere	partire
che io	**avessi parlato**	**avessi venduto**	**fossi partito/a**
che tu	**avessi parlato**	**avessi venduto**	**fossi partito/a**
che lui/lei	**avesse parlato**	**avesse venduto**	**fosse partito/a**
che noi	**avessimo parlato**	**avessimo venduto**	**fossimo partiti/e**
che voi	**aveste parlato**	**aveste venduto**	**foste partiti/e**
che loro	**avessero parlato**	**avessero venduto**	**fossero partiti/e**

esercizio	12-22

Complete the following sentences with the past perfect subjunctive of the verbs in parentheses.

1. Tu eri contento che loro _____ (capire).

2. Lei credeva che loro _____ (arrivare).

3. Ero contenta che tu _____ (venire).

4. Avremmo preferito che voi _____ (andare) all'università.

5. Sembrava che io _____ (sapere) dove erano andati.

6. Speravamo che voi _____ (entrare) prima di noi.

7. Credevamo che lui _____ (cercare) lavoro.

8. Sembrava che _____ (imparare) solo lui.

9. Era impossibile che la lettera _____ (arrivare).

10. Ci aiutò senza che glielo _____ (chiedere).

After **come se** (*as if*), the imperfect and the past perfect subjunctive are always used, regardless of the tense of the main verb.

Parlavano **come se non fosse**   *They were talking **as if** nothing*
  successo niente.   ***had happened**.*
Lo trattavano **come se fosse**   *They treated him **as if***
  stato un figlio.   *he **had been** a son.*

esercizio   **12-23**

Translate the following sentences into Italian using the past perfect subjunctive.

1. I doubted that Maria had come.

   _____

2. I hoped that you had found the keys.

   _____

3. It was possible that he had arrived late.

   _____

4. She thought that you had taken the money.

   _____

5. You (pl.) doubted that I had looked for work.

   _____

6. I had hoped that he had sold his motor scooter.

   _____

7. It seemed to me that you had already read it.

   _____

8. I didn't want the workers to have already left.

   _____

9. This seemed to me the longest book that I had ever read.

   _____

esercizio   12-24

Fill in the spaces using the past perfect subjunctive of the verbs in parentheses, then translate the paragraph into English.

Se la tua casa _____ (essere) vicino ad una località sciistica, avresti avuto

molti ospiti. I tuoi amici si sarebbero aspettati che tu li _____ (invitare)

a casa tua e che _____ (chiedere) che _____

(rimanere) a dormire. Speravano che tu li avessi invitati ad andare a sciare sulle meravigliose

piste dove vai tu. La tua casa non è vicino ad una località sciistica. Non hai potuto invitare gli

amici, ma penso che i tuoi parenti non sarebbero stati molto contenti se i tuoi amici

_____ (venire), _____ (dormire),

_____ (mangiare) e _____ (sciare) per una

settimana a casa tua.

_____

_____

_____

_____

_____

_____

_____

_____

vocabolario

aspettarsi	expect	**piste**	runs
meravigliose	wonderful	**località sciistica**	ski resort
ospiti	guests		

The *Se* Clause and the Subjunctive

To express a contrary-to-fact statement in the present or the future, the imperfect subjunctive is used in the **se** clause. The conditional tense is then normally used in the main clause to express a conclusion to the action.

Se potessi, verrei.   *If I could, I would come.*

To express a contrary-to-fact statement in the past, the past perfect subjunctive is used in the **se** clause and the past conditional is used in the main clause. The conditional is only used in the main clause; never in the **se** clause. Only the imperfect or the past perfect subjunctive is used after **se**. Never use the present subjunctive.

Se avessi saputo, sarei venuto.   *If I had known, I would have come.*

esercizio   12-25

Translate the following sentences into Italian.

1. If we had taken the express train, we would be home by now.

   _____

2. If you had been ready, we would not have missed the train.

   _____

3. If he had been honest, he wouldn't have lied.

   _____

4. Maria would have gone out, if it had not rained.

   _____

5. If he had found the right person, he would have married.

   _____

6. If they had wanted to come, they could have called us.

   _____

7. Would you have come if they had phoned you?

   _____

8. If they had waited for me, I would have been very happy.

   _____

9. If I had written to my mother, I would have surprised her.

   _____

esercizio   12-26

Change the following verbs into the past perfect subjunctive.

1. se ti chiedessi un favore _____

2. se vedessi un extraterrestre _____

3. se avessi una casa grande _____

4. se lui capisse _____

5. se lei leggesse _____

6. se noi bevessimo il vino rosso _____

7. se voi aspettaste _____

8. se mangiassero _____

9. se non capissero _____

esercizio   12-27

Answer the questions positively in full sentences.

1. Se ti avessi chiesto un favore, me lo avresti fatto?

_____

2. Se lui avesse visto un cane, avrebbe avuto paura?

_____

3. Se fossimo andati a sciare, avreste avuto tutto il necessario?

_____

4. Se aveste avuto bisogno, avreste telefonato?

_____

5. Se avessero parlato lentamente, li avresti capiti?

_____

6. Se io avessi ordinato il cappuccino, lo avresti bevuto?

_____

7. Se fossimo andati al mare, ci saremmo divertiti?

_____

8. Se lui fosse caduto sul ghiaccio, si sarebbe fatto male?

_____

9. Se mi fossi sentito bene, sarei venuto a lavorare?

_____

The Passive Voice (*Forma Passiva*)

In the active voice studied so far, the subject performs the action. In the passive voice, the subject receives the action.

Active Voice	Passive Voice
Maria **legge** il libro.	Il libro **è letto** da Maria.
*Maria **reads** the book.*	*The book **is read** by Maria.*

The passive in Italian is formed, as in English, with the verb **essere** and the past participle of the action verb. The passive voice of any transitive verb is formed with the conjugated forms of the auxiliary **essere** + the past participle of the verb, followed by the preposition **da**, if the agent is expressed. It is not always necessary to express the agent.

La macchina **è stata rubata** da delinquenti.	*The car **has been robbed by** delinquents.* (By whom is expressed.)
La macchina **è stata rubata**.	*The car **has been robbed**.* (By whom is not expressed.)

Verbs Other than *Essere* to Express the Passive Voice

Venire is often used in place of **essere**. The use of either verb does not change the meaning of the sentence. In general, you use **venire** to express carrying out an action, while **essere** is used to emphasize a state of being.

I loro dipinti **vennero/furono ammirati** da tutto il mondo.	*Their paintings **were admired** by the entire world.*

La vostra macchina **verrà riparata**   *Your car will **be repaired** next week.* (action)
la settimana prossima.
Le camicie **sono lavate**.   *The shirts **are washed**.* (state of being)

| esercizio | 13-1 |

Answer the following questions using the passive voice and the words suggested in parentheses.

1. Quando è stato pagato il conto? (ieri)

   _____

2. Da chi è stata scritta *La Divina Commedia*? (Dante Alighieri)

   _____

3. A che ora sono stati svegliati i ragazzi? (tardi)

   _____

4. Dove sono state fatte queste scarpe? (in Italia)

   _____

5. Quante fotografie sono state scattate? (molte)

   _____

6. Dove è stato pubblicato questo libro? (in America)

   _____

7. In che anno è stata scoperta l'America? (1492)

   _____

8. Dove sono stati portati i quadri? (in cantina)

   _____

| esercizio | 13-2 |

*Translate the following sentences into Italian using **venire** in the appropriate forms.*

1. The new statue will be admired in the museum's lobby.

   _____

2. Alessandro Manzoni's works have been studied by all Italian students.

   _____

3. The soccer team was honored for its excellent season.

   _____

4. The school's roof will be repaired during the summer.

_____

5. The contract will be signed this evening.

_____

6. The tax return will be completed by the middle of April.

_____

7. The museum will be closed for three months for remodeling.

_____

8. The drapes were taken down to be cleaned.

_____

9. The house was sold a long time ago.

_____

The modal verbs you studied at the end of the first unit of this book do not have a passive form. The infinitives that follow them must be put in the passive.

Il biglietto **deve essere emesso** entro la prossima settimana.	_The ticket **must be issued** by next week._
Le spese della casa **possono essere pagate** piano piano.	_The house expenses **can be paid** little by little._

Rimanere and **restare** are often used in place of **essere** when the past participle following it describes emotions such as: **deluso, stupito, meravigliato, sorpreso, chiuso,** and **aperto.**

Siamo rimasti molto delusi quando abbiamo saputo che non sareste venuti.	_**We were** very **disappointed** when we heard that you were not coming._
La chiesa **resterà chiusa** al pubblico tutto il mese di giugno per restauro.	_The church **will remain closed** to the public throughout June for remodeling._

esercizio　13-3

Translate the following sentences into Italian using the passive voice.

1. The contract must be signed.

_____

2. The contract will have to be signed by your parents.

_____

3. The contract (venire) was signed by everybody.

_____

4. The contract (venire)was signed in court.

   _____

5. We are surprised that the contract has not been signed yet.

   _____

6. The airline ticket will be reimbursed.

   _____

7. The airline ticket was reimbursed already.

   _____

8. The airline ticket (venire) will be reimbursed as soon as possible.

   _____

9. The house (venire) will be built in six months.

   _____

10. This museum will remain closed all winter.

   _____

Andare is often used in place of **essere** with verbs such as **perdere** (_to lose_), **smarrire** (_to lose_), and **sprecare** (_to waste_). Also, sometimes **andare** replaces **dovere** + **essere** when conveying a sense of necessity.

Molta frutta **va sprecata** perchè nessuno vuole raccoglierla.	_A lot of fruit **is wasted** because nobody wants to pick it._
Tutte le fotografie **sono andate smarrite** durante la guerra.	_All the pictures **were lost** during the war._
_or_ Tutte le fotografie **sono state smarrite** durante la guerra.	
Va ricordato che non si può correre nei corridoi.	_**It must be remembered** that one cannot run in the corridors._
_or_ **Deve essere ricordato** che non si può correre nei corridoi.	

esercizio	13-4

Translate the following sentences into Italian using the appropriate form of the verb in the passive voice.

1. Lots of food is wasted in restaurants.

   _____

2. Very often I see signs that say, "A dog is lost."

   _____

3. It must be remembered that one cannot go fishing without a permit.

   _____

4. It must be remembered that smoking is prohibited in airplane lavatories.

   _____

5. All the leftovers from the roof repair will have to be picked up and put in the containers.

   _____

6. All my documents have been robbed.

   _____

7. All that gossip will have to be taken with a grain of salt.

   _____

8. So much space is wasted in her house!

   _____

9. All these ideas will have to be taken into consideration.

   _____

Alternatives to the Passive Voice

In Italian the passive voice is often used in written language such as in newspapers, magazines, and books. In the spoken language, you can choose a few alternatives that are usually preferred.

Si

Si is used to express the idea of *one*, and it is used much more in Italian than in English. It also has a variety of meanings, such as *we*, *you*, and *they*.

Si dice che i nostri amici siano pieni di soldi.	***It is said*** *that our friends are rolling in money.*
Che cosa **si fa** oggi?	*What **are we doing** today?*

The **Si Passivante**

A very common way to avoid the passive in Italian is to use the passive **si** + the third-person singular or plural of the verb.

Dove **si comprano** questi libri?   *Where **are** these books **bought**?*

esercizio	13-5

Translate the following sentences into English.

1. Oggi si mangia la polenta. _____

2. Dove si trovano i pomodori? _____

3. Si sono moltiplicati i problemi. _____

4. Si dovrebbe finire il lavoro. _____

5. Si deve riformare la scuola. _____

6. Quando si va in gita? _____

7. Non si accettano le carte di credito. _____

8. Qui si parla Inglese. _____

9. Si deve abbattere quell'albero. _____

esercizio	13-6

Read and translate the following paragraph into English.

Domenica prossima più di 36.000 persone di Milano dovranno lasciare le loro case per una giornata intera. La stazione centrale sarà chiusa e i treni non arriveranno o partiranno. La ferrovia all'entrata di Milano rimarrà bloccata con serie ripercussioni sul traffico ferroviario nazionale e internazionale. Tutto questo per permettere agli artificieri di neutralizzare e rimuovere una bomba caduta da un aereo nella seconda guerra mondiale ancora inesplosa sotto la strada. Questa bomba è stata trovata quando degli operai stavano scavando la strada per rifare le fognature e sono andati ad una certa profondità. Si pensa che questa sia una delle bombe più grandi ancora inesplose che si siano mai trovate a Milano. La zona sarà protetta da esperti e dalla polizia urbana.

_____

_____

_____

_____

_____

_____

_____

_____

_____

vocabolario

artificieri	bomb experts	**inesplosa**	unexploded
bloccata	blocked	**intera**	whole/entire
ferroviario	railway (adj.)	**ripercussioni**	repercussions
fognatura	sewers	**scavare**	to dig

Idiomatic Expressions (*Espressioni Idiomatiche*)

Idioms with *Avere*

The verb **avere** is used in idiomatic expressions. Very often the infinitive of **avere** is abbreviated to **aver** before a noun or an adjective.

avere (aver)... anni	to be . . . years old
aver(e) bisogno di	to need
aver(e) caldo	to feel (be) warm
aver(e) fame	to be hungry
aver(e) freddo	to be cold
aver(e) fretta	to be in a hurry
aver(e) l'impressione (di)	to have the impression
aver(e) l'intenzione (di)	to have the intention
aver(e) mal (di)	to have an ache
aver(e) paura (di)	to be afraid
aver(e) ragione (di)	to be right
aver(e) sete	to be thirsty
aver(e) sonno	to be sleepy
aver(e) torto (di)	to be wrong
aver(e) vergogna (di)	to be ashamed
aver(e) voglia (di)	to feel like doing

esercizio   14-1

*Rewrite the following sentences in Italian using the idiomatic expressions with **avere**.*

1. I need an umbrella. _____

2. You (sing.) are always in a hurry. _____

3. He is cold. _____

4. She has a headache. _____

5. We are thirsty. _____

6. I was wrong. _____

7. They need new shoes. _____

8. I had a headache. _____

9. You (sing.) are ashamed. _____

10. You (pl.) are sleepy. _____

11. We are very warm. _____

12. They are right. _____

Idioms with *Fare*

The verb **fare** is also used in idiomatic expressions. Very often the infinitive of **fare** is abbreviated to **far** before a consonant.

fare attenzione	to pay attention
far(e) bella, brutta figura	to make a good, bad impression
far(e) benzina	to get gas
fa caldo, freddo	it is warm, cold
far(e) carriera	to be successful
far(e) colpo su qualcuno	to impress someone
far(e) colazione	to have breakfast
far(e) compere	to go shopping
far(e) esercizio	to exercise
far(e) fotografie	to take pictures
far(e) il bagno	to take a bath
far(e) la conoscenza (di)	to make the acquaintance
far(e) una crociera	to take a cruise
far(e) la doccia	to take a shower
far(e) il pieno	to fill up with gas
far(e) la spesa	to get groceries
far(e) male	to hurt, to ache
far parte (di)	to be part of
far(e) una passeggiata	to take a walk
far(e) presto	to hurry up
far(e) progresso	to progress
far(e) quattro chiacchiere	to chat
far(e) il campeggio	to go camping
far(e) un complimento	to pay a compliment
far(e) alla romana	to go Dutch
far(e) un discorso	to make a speech

fare la predica	to preach
fare una domanda	to ask a question
fare un giro	to take a tour
fare uno spuntino	to have a snack
fare un viaggio	to take a trip
fare un regalo	to give a gift
fare una visita	to pay a visit
farsi male	to get hurt
fare un favore (a)	to do a favor
fare un piacere (a)	to do a favor
far vedere a qualcuno	to show someone

Following are some common weather-related expressions:

Che tempo fa?	*How is the weather?*
Fa bel tempo (cattivo).	*The weather is good (bad).*
Fa caldo (freddo).	*It is warm (cold).*

esercizio   14-2

Rewrite the following sentences in Italian using the idiomatic expressions with **fare**.

1. He pays attention. _____

2. We have breakfast. _____

3. They will take pictures. _____

4. I took a trip. _____

5. He has a snack. _____

6. I pay a visit. _____

7. It was very cold. _____

8. He will make a speech. _____

9. We will go Dutch. _____

10. He does me a favor. _____

11. We will take a cruise. _____

12. I have a snack. _____

13. She pays attention. _____

14. You (pl.) ask a question. _____

Special Constructions with *Fare, Lasciare, Metterci,* and *Volerci*

Fare

The construction of **fare** + the infinitive is commonly used in Italian and corresponds to the English *to have something done* or *to make/have someone do something*. Direct and indirect object pronouns precede **fare** except when it is in the infinitive or is conjugated in the familiar forms of the imperative.

Il capo **fa lavorare** molto gli operai.	*The boss **is having** the workers **work** hard.*

Object pronouns usually precede the conjugated form of **fare**. They follow **fare** only when **fare** is in the infinitive or in the first or second person of the imperative.

Faccio pulire il tappeto.	*I am having the carpet **cleaned**.*
Lo faccio pulire ogni anno.	*I have it **cleaned** every year.*
Desidero **far cambiare** le tende.	*I wish **to have the drapes changed**.*
Desidero **farle cambiare**.	*I wish **to have them changed**.*

If there is only one object, it is a direct object.

La facciamo scrivere.	*We **make her** write it.*
Il capo **li fa lavorare** molto.	*The boss **makes them work** very hard.*
Abbiamo fatto partire la macchina.	*We **started** the car.*
Falli studiare!	*Make them study!*

When the person who completes the action and the action completed are expressed in a sentence, the result of the action is the direct object, and the person doing the action is the indirect object.

Faccio mandare la lettera a mia sorella.	*I am having my sister **send** the letter.*
Gliela **faccio mandare**.	*I'm having her **send** it.*

Sometimes, to clarify some ambiguity, the preposition **a** preceding the noun of the doer is replaced with **da**.

Faccio mandare il pacco da Giovanna a Carlo.	*I'm having the package **sent** to Carlo by Giovanna.*

The infinitive of **fare** may follow a conjugated form of the same verb.

Lei **fa fare** un vestito dal sarto.	*I had the tailor **make** me a suit.*

Very common in Italian is the expression formed by **farsi** + **fare** (or the infinitive of another verb). The doer of the action is preceded by the preposition **da**.

Mi sono fatto fare un vestito da un sarto.	*I had the dressmaker **make** me a dress.*

Lasciare

When the verb **lasciare** is followed by an infinitive, it means *to let, permit,* or *allow*. It is used in the same way as **fare** + infinitive. Verbs of perception like *seeing, watching,* and *hearing* follow the same rule.

Lasciate parlare il professore.	*Let the professor **speak**!*
Lasciate stare!	*Let it **be**!*
Maria non mi **lascia andare** sull'altalena!	*Maria doesn't **let** me **go** on the swing!*
Mio padre non mi **lascia andare** fuori.	*My father doesn't **allow** me **to go** out.*
Sento cadere la grandine.	*I **hear** the hail **fall**.*
Abbiamo visto partire i nostri amici.	*We **saw** our friends **leave**.*

Lasciare may also be followed by **che** + the subjunctive.

Perchè non lo **lasciate andare** al cinema?	*Why don't you **let** him **go** to the movie?*
Perchè non **lasciate che** lui **vada** al cinema?	*Why don't you **let** him **go** to the movie?*

A relative clause with **che** has the option of replacing the infinitive after a verb of perception.

L'ho vista **piangere**.	*I saw her **cry**.*
L'ho vista **che piangeva**.	*I saw her **cry**.*

Metterci and *Volerci*

The expressions formed with **metterci** (**mettere** + **ci**) and **volerci** (**volere** + **ci**) are used with reference to time needed to do something or go somewhere. If the subject is clear, **metterci** is used. If it is not clearly expressed, **volerci** is used.

Quante ore di aereo **ci vogliono** per andare in Italia?	*How many hours on the plane **are needed** to go to Italy?*
Carlo, quanto tempo **ci metti** per arrivare al lavoro?	*Carlo, how long **does it take** you to get to work?*

esercizio 14-3

Translate the following sentences into Italian.

1. They make her work too many hours.

_____

2. I had my husband take me to the doctor.

_____

3. My grandmother used to make me dry the dishes every day.

_____

4. They will have us look at pictures for two hours.

_____

5. She made her kids go to bed very early.

   _____

6. She will not let him go in the house.

   _____

7. Grandparents let their grandchildren do everything they want.

   _____

8. The school lets the students go home early.

   _____

9. Let her laugh!

   _____

10. Let them play!

    _____

11. It will take several years for the trees to grow.

    _____

12. How long will it take to do this translation?

    _____

13. It took me only three days.

    _____

14. How many days does it take for a letter to arrive from Italy?

    _____

15. It takes a week.

    _____

esercizio   14-4

Read and translate the following paragraphs into English.

Ho una bella casa in campagna, ma è vecchia. Vorrei farla restaurare. Ho già fatto fare il progetto e il preventivo delle spese da un architetto conosciuto in questa zona. Farò fare i lavori da una ditta di costruzioni che conosco da tanto tempo. Ci vorranno molti mesi per finire questo progetto. Io non andrò a vederla fino a quando non sarà finita. Lascio che i muratori lavorino in pace. Sanno come fare il loro lavoro.

Ho già fatto riparare il caminetto e ci vorranno due o tre settimane prima di poterlo usare. Non appena i lavori saranno finiti inviterò i mei amici per una festa.

_____

_____

_____

_____

_____

_____

_____

_____

vocabolario

caminetto	fireplace	**muratori**	masons
campagna	country	**preventivo**	estimate
ditta	company	**restaurare**	to remodel

Idioms with *Dare*

The verb **dare** is used in many idiomatic expressions. Very often the infinitive of **dare** is abbreviated to **dar** before a consonant.

dare ascolto	to listen to someone
dar(e) da mangiare (bere)	to feed, to give something to eat (drink)
dar(e) del tu	to use the informal way of speaking
dar(e) fastidio(a)	to bother someone
dare i saluti (a)	to give regards, greetings
dare il benvenuto (a)	to welcome
dar(e) la mano (a)	to shake hands
dar(e) ragione	to admit someone is right
dar(e) la colpa (a)	to blame
dar(e) su (il mare, la piazza, ecc.)	to face (the sea, the square, etc.)
dare un esame	to take a test
dare un film	to show a movie
dare un urlo	to let out a yell
dare un passaggio	to give a lift
dare un pugno	to punch
dare un calcio	to kick
dare una risposta	to give an answer/response
dare un sospiro (di)	to sigh
darsi da fare	to get busy
darsi per vinto	to give up
darsi agli studi	to devote oneself to one's studies

esercizio   14-5

*Translate the following sentences into Italian using the idiomatic expressions with **dare**.*

1. I have to feed the dog.

_____

2. Don't bother them, they are sleeping.

_____

3. She welcomed me with affection.

_____

4. My sister always blames her friends.

_____

5. In Italy people shake hands.

_____

6. Don't listen to them!

_____

7. Tomorrow the students will take the final tests.

_____

8. Georgia's house faces the beach.

_____

9. I let out a scream when I saw the mouse.

_____

10. They give us a ride to the airport.

_____

11. Children like to kick the ball.

_____

12. I sighed when I finished the book on time.

_____

13. We did not give him an answer yet.

_____

14. I have to get busy, because I am leaving in two weeks.

_____

15. My son doesn't want to give up.

_____

Expressions with *Andare*

Following are some commonly used expressions with **andare**. Most of the times **andare** is followed by a preposition. This is not the case if an adverb follows it.

andare a piedi	to walk, to go by foot
andare a teatro	to go to the theater
andare a braccetto	to walk arm in arm
andare a cavallo	to go horseback riding
andare a pescare	to go fishing
andare bene	to go well
andare male	to go badly
andare d'accordo	to get along
andare di giorno, di sera	to go during the day, in the evening
andare in macchina	to go by car
andare in aereo, in treno, in bicicletta	to go by plane, train, bicycle
andare per affari	to go on business
andare in vendita	to go on sale

| **esercizio** | **14-6** |

*Translate the following sentences into Italian using the idiomatic expressions with **andare**.*

1. People in Italy often walk arm in arm.

   _____

2. Carlo wants to go fishing with his grandfather.

   _____

3. Their children always get along very well.

   _____

4. I would like to go horseback riding in the West.

   _____

5. Today, everything I did went well!

   _____

6. She is afraid to go by plane.

   _____

7. She prefers to go by train.

   _____

8. Why don't we go in the evening?

   _____

9. Everything will go on sale tomorrow.

   _____

| **esercizio** | **14-7** |

Read and translate the following paragraph into English.

I ragazzi erano al parco e giocavano al pallone. Ad un tratto uno di loro diede un calcio ad un ragazzo della squadra opposta. Il ragazzo diede un urlo di dolore e cadde per terra. Tutti gli andarono intorno per vedere se si era fatto veramente male. L'allenatore voleva che stessero lontani, ma nessuno lo ascoltava. Volevano dare una mano al loro compagno. Gli adulti hanno discusso per un po' e poi hanno dato ragione al ragazzo colpito. Quando chiesero all'altro il motivo delle sue azioni, lui non diede una risposta. L'allenatore l'ha sospeso dal gioco per due settimane. Può darsi che la prossima volta cerchi di essere più gentile, rispettoso e sportivo verso i compagni di gioco.

_____

_____

_____

_____

_____

_____

_____

_____

_____

_____

_____

vocabolario

allenatore	coach	**opposta**	opposite
colpito	hit	**motivo**	reason
discusso	discussed	**sospeso**	suspended
squadra	team	**rispettoso**	respectful

Expressions with *Stare*

The verb **stare** is used in many idiomatic expressions. Very often the infinitive of **stare** is abbreviated to **star** before a consonant.

lasciare stare	leave something or someone alone
stare attento/a (a)	to pay attention
star(e) fermo/a	to keep still
stare a pennello	to fit like a glove
star(e) bene (male)	to be well (sick); to fit well (badly)
stare in casa	to stay in the house
stare in piedi	to be standing
star(e) seduto/a	to be sitting
star(e) zitto/a	to be quiet
star(e) da...	to be at somebody's (home, office, etc.)
star(e) con le mani in mano	to do nothing
star(e) con le mani in tasca	to do nothing
star(e) per...	to be about to . . .
stare a vedere	to wait and see

| **esercizio** | **14-8** |

Translate the following sentences into Italian using the idiomatic expressions with **stare**.

1. That dress fits her like a glove.

   _____

2. We will wait and see who will win the best picture award.

   _____

3. Giovanni is in bed. He is not well at all.

   _____

4. Erica never keeps still.

   _____

5. Why are you standing?

   _____

6. I was at the dentist for three hours.

   _____

7. Keep (you pl.) still and quiet. I am tired.

   _____

8. It is too cold. I'll stay in the house.

   _____

9. Be careful not to slip on the icy roads.

   _____

| **esercizio** | **14-9** |

Read and translate the following paragraph into English.

Questa mattina mi sono alzata presto e stavo per andare alla stazione ad incontrare Giovanna, quando mi ha telefonato per dirmi che la babysitter non stava bene e non poteva andare a casa sua e stare con i suoi bambini. Mi ha detto anche che i bambini avevano l'influenza e dovevano stare fermi a letto. Quando i bambini staranno bene e il tempo sarà bello andremo tutti insieme a cavallo. Per adesso Giovanna deve stare a casa per far stare fermi i bambini. Che peccato!

_____

_____

_____

_____

_____

_____

_____

_____

_____

_____

_____

_____

_____

_____

vocabolario

che peccato	what a pity
incontrare	to meet

Verbs and Expressions Followed by a Preposition

In Italian many verbs and expressions are followed by a preposition. Following are the most commonly used prepositions.

Verbs and Expressions Followed by the Preposition *a*

The preposition **a** is used before a noun or a pronoun with the following verbs:

assistere a	to attend
assomigliare a	to resemble
credere a	to believe in
dare da mangiare a	to feed
dare fastidio	to bother
dare la caccia a	to chase
dare noia a	to bother
dare retta a	to listen to
dare torto a	to blame
dare un calcio a	to kick
dare un pugno a	to punch
fare attenzione a	to pay attention
fare bene (male) a	to be good (bad)
fare piacere a	to please
far vedere a	to show
fare visita a	to visit
fare un regalo a	to give a present to
giocare a	to play a game
interessarsi a	to be interested in
partecipare a	to participate in
pensare a	to think about
raccomandarsi a	to ask favors of
ricordare a	to remind
rinunciare a	to give up
servire a	to be good for
stringere la mano a	to shake hands with
tenere a	to care about

Before an infinitive the preposition **a** is used with the following verbs:

abituarsi a	to get used to	**insegnare a**	to teach
affrettarsi a	to hurry	**invitare a**	to invite to
aiutare a	to help	**mandare a**	to send
cominciare a	to begin	**obbligare a**	to oblige
continuare a	to continue	**pensare a**	to think about
convincere a	to convince	**persuadere a**	to convince
costringere a	to compel	**preparare a**	to prepare
decidersi a	to decide	**provare a**	to try
divertirsi a	to have fun	**rinunciare a**	to give up
fare meglio a	to be better off	**riprendere a**	to resume
fare presto a	to do fast	**riuscire a**	to succeed
imparare a	to learn	**sbrigarsi a**	to hurry
incoraggiare a	to encourage	**servire a**	to be good for

With verbs of movement use **a** with the following verbs:

andare a	to go	**stare a**	to stay
correre a	to run	**tornare a**	to return
fermarsi a	to stop	**venire a**	to come
passare a	to stop by		

esercizio	15-1

Translate the following sentences into Italian.

1. They believe in everybody. _____

2. I try not to bother my sister. _____

3. The children don't listen to their teacher. _____

4. The cat chases the mouse. _____

5. Please pay attention to the road. _____

6. The boy punched his sister in the nose. _____

7. You (sing.) will please your mother. _____

8. He always thinks about you (sing.). _____

9. They like to play cards. _____

10. She looks like her father. _____

11. He doesn't shake his friend's hand. _____

12. We have to feed our pets. _____

esercizio   15-2

Translate the following sentences into Italian.

1. I must get used to the new place.

   _____

2. She hurries to eat.

   _____

3. I will help you tie your shoes.

   _____

4. He decided to study Italian.

   _____

5. We have a lot of fun watching the monkeys at the zoo.

   _____

6. You (sing.) are better off not getting married.

   _____

7. We must learn how to ski.

   _____

8. The mother teaches the child to walk.

   _____

9. They invite us to dance.

   _____

10. I always think about buying something for my kids.

    _____

11. This instrument is good for blocking the door.

    _____

12. You (pl.) must give up your trip.

    _____

13. Don't keep on laughing!

    _____

14. They will send me to get the package.

_____

15. We will resume learning Italian tomorrow.

_____

esercizio	15-3

Translate the following sentences into Italian.

1. We go to the movie.

_____

2. I went to the cemetery.

_____

3. He runs home because he is hungry.

_____

4. She stops to buy the newspaper.

_____

5. We will stop by your house.

_____

6. They returned home very late.

_____

7. We go to school with our friends.

_____

8. Maria and Carlo are coming to visit us this afternoon.

_____

9. He is running to catch the bus.

_____

10. I stop to look at the flowers in the meadow.

_____

11. They will stay at home all day.

_____

12. She returned home with many books.

_____

Verbs and Expressions Followed by the Preposition *di*

Many verbs and expressions are followed by the preposition **di**. Following are the most commonly used verbs followed by **di**.

Before a noun or a pronoun:

accorgersi di	to notice, realize	**nutrirsi di**	to feed on
avere bisogno di	to need	**occuparsi di**	to plan
avere paura di	to be afraid	**pensare di**	to think about
dimenticarsi di	to forget	**preoccuparsi di**	to worry about
fidarsi di	to trust	**ricordarsi di**	to remember
innamorarsi di	to fall in love	**ridere di**	to laugh at
interessarsi di	to be interested in	**soffrire di**	to suffer from
lamentarsi di	to complain	**trattare di**	to deal with
meravigliarsi di	to be surprised	**vivere di**	to live on

Before an infinitive:

accettare di	to notice, accept	**finire di**	to finish
ammettere di	to need	**ordinare di**	to order
aspettare di	to wait for	**pensare di**	to plan
augurare di	to wish	**permettere di**	to permit
avere bisogno di	to need	**pregare di**	to beg
cercare di	to try	**proibire di**	to prohibit
chiedere di	to ask	**promettere di**	to promise
confessare di	to confess	**proporre di**	to propose
consigliare di	to advise	**ringraziare di**	to thank
contare di	to plan	**sapere di**	to know
credere di	to believe	**smettere di**	to stop
decidere di	to decide	**sperare di**	to hope
dimenticare di	to forget	**suggerire di**	to suggest
dubitare di	to doubt	**tentare di**	to attempt
fingere di	to pretend	**vietare di**	to avoid

esercizio   15-4

Translate the following sentences into Italian.

1. I didn't notice her. _____

2. You (sing.) need your friends. _____

3. Maria eats only fruit. _____

4. We are afraid of cats. _____

5. You (pl.) forgot me at home. _____

6. They worried about their old parents. _____

7. I trust you. _____

8. He doesn't remember you at all. _____

9. She has fallen in love with him. _____

10. They laugh at them. _____

11. We are surprised at his ability. _____

12. She suffers from migraine headaches. _____

13. They complain about everything. _____

14. You (pl.) cannot live on bread and water alone. _____

esercizio	15-5

Translate the following sentences into Italian.

1. I admit that I am wrong.

_____

2. You (sing.) have finished talking on the phone.

_____

3. He ordered his troops to withdraw.

_____

4. She is thinking about eating a steak.

_____

5. I wish you a long and happy life.

_____

6. We need to sleep.

_____

7. I beg you to come quickly.

_____

8. She prohibits you to touch the cake.

_____

9. We ask you to close the door.

_____

10. I plan to arrive on time.

_____

11. They promised to bring me a nice toy.

_____

12. We thank you (pl.) for watering the plants.

_____

13. He believes he will get out of the hospital in four days.

_____

14. I forgot to turn off the lights.

_____

15. You (sing.) have decided to travel by train.

_____

Verbs Followed by the Preposition *su*

Following are the most common verbs followed by the preposition **su**:

contare su	to count on	**riflettere su**	to reflect on
giurare su	to swear on	**scommettere su**	to bet on

Verbs Followed Directly by the Infinitive

Some commonly used verbs are followed directly by the infinitive of a verb.

amare	to love	**piacere**	to like
desiderare	to wish	**potere**	to be able
dovere	to have to, must	**preferire**	to prefer
fare	to make, do	**sapere**	to know how
gradire	to appreciate	**volere**	to want
lasciare	to let, allow		

Impersonal Verbs

The following verbs are called impersonal verbs. They are used in the third-person singular or the third-person plural.

basta	it is enough
bisogna	it is necessary
pare	it seems

| **esercizio** | **15-6** |

Translate the following sentences into Italian.

1. You can count on me. _____

2. I am reflecting on what to do. _____

3. The president swears on the Bible. _____

4. I wish I had a beautiful garden. _____

5. We allow the children to watch television. _____

6. We prefer eating outside. _____

7. I love having a beautiful house. _____

8. You (sing.) know how to live well. _____

9. That's enough talking. _____

10. It is necessary to speak with the director. _____

| **esercizio** | **15-7** |

Translate the following sentences into Italian.

1. We learn to ski. _____

2. I start to understand. _____

3. I'm thinking of coming. _____

4. He needs to study. _____

5. They'll return to Italy. _____

6. You are afraid of the dark. _____

7. We don't trust him. _____

8. Stop talking. _____

9. We'll stay at home. _____

10. They forgot to study. _____

11. I need you. _____

12. She promised to come. _____

13. They give thanks for everything. _____

14. She used to teach driving. _____

15. Call me before you leave. _____

General Review of Verbs

Following is a review of the verbs you have studied throughout this book. These additional exercises will help you gauge your knowledge of Italian verbs and help you focus on where to concentrate further.

The Present Indicative (*Presente Indicativo*)

esercizio   16-1

Write the appropriate form for each verb in the present indicative.

1. Io _____ (parlare) sempre al telefono.

2. Tu _____ (camminare) con i tuoi amici.

3. Marco _____ (lavorare) fino a tardi.

4. Lei _____ (cucinare) molto bene.

5. Io e te _____ (insegnare) nella stessa scuola.

6. Voi _____ (arrivare) con il treno delle 8,00.

7. Loro _____ (cambiare) i soldi all'aeroporto.

8. Io _____ (vedere) lo scoiattolo sugli alberi.

9. Tu non _____ (scrivere) sul muro.

10. Giovanni non _____ (leggere) molto bene.

11. Maria _____ (volere) cambiare macchina.

12. Noi _____ (vincere) il campionato di atletica leggera.

13. Tu e la tua amica _____ (perdere) sempre l'autobus.

14. Io non _____ (sentire) molto bene.

15. Tu _____ (partire) per l'America.

16. Lui _____ (giocare) al tennis.

17. Giovanna ci _____ (dire) molte cose.

18. Noi non _____ (capire) molto bene l'italiano.

19. Tu e Carlo _____ (pulire) la macchina dentro e fuori.

20. Carlo e Maria non _____ (riuscire) a finire la lezione.

The Imperfect (*Imperfetto*)

esercizio   16-2

Write the appropriate form of the imperfect for each verb in parentheses.

1. Io _____ (parlare) con loro.

2. Tu _____ (arrivare) alla stazione.

3. Marco non _____ (mangiare) al ristorante.

4. Giovanna non _____ (comprare) un vestito nuovo.

5. Noi _____ (cambiare) la casa ogni anno.

6. Voi _____ (arrivare) sempre con molte valige.

7. Loro _____ (andare) in piscina tutti i giorni.

8. Io non _____ (vincere) mai al calcio.

9. Tu _____ (vedere) gli amici ogni pomeriggio.

10. Paolo _____ (dovere) iscriversi al corso.

11. Giovanna _____ (volere) parlare con noi.

12. Noi non _____ (conoscere) nessuno.

13. Tu e Carlo _____ (potere) dormire fino a tardi.

14. Loro _____ (sapere) dove voi abitavate.

15. Che cosa (voi) _____ (leggere) quando sono entrato?

16. Noi non _____ (leggere) niente.

17. Io _____ (finire) i miei compiti.

18. Tu _____ (capire) sempre male.

19. Noi _____ (uscire) dal lavoro alle 6,00.

20. Voi _____ (partire) presto.

The Future (*Futuro*)

esercizio   16-3

Write the appropriate form of the future for each verb in parentheses.

1. Io _____ (mangiare) poco, perchè sono a dieta.

2. Tu _____ (sentire) molto rumore dalla finestra.

3. Maria _____ (comprare) il pane quando torna a casa.

4. Marco _____ (studiare) molto prima degli esami.

5. Noi _____ (ascoltare) la musica in macchina.

6. Voi _____ (partire) con noi.

7. Loro _____ (fermare) l'autobus quando lo vedete.

8. Io non _____ (guidare) in Italia.

9. Tu non _____ (arrivare) all'aeroporto principale.

10. Paolo _____ (leggere) una novella moderna.

11. Io _____ (cercare) di capire tutto.

12. Lei _____ (bere) una birra molto fredda.

13. Noi _____ (conoscere) tutti alla festa.

14. Voi _____ (dovere) parlare con il professore.

15. Loro _____ (chiudere) il negozio durante l'estate.

16. Io _____ (chiedere) informazioni su quella persona.

17. Tu non _____ (capire) molto.

18. Voi _____ (venire) in vacanza con noi.

19. Quando _____ (finire) i compiti potrete andare fuori a giocare.

20. Loro _____ (occupare) la camera degli ospiti.

esercizio   16-4

Translate the following sentences into Italian.

1. I will go home. _____

2. You will sleep. _____

3. He will eat at the restaurant. _____

4. You will clean the floor. _____

5. She will walk very fast. _____

6. We will listen to the news. _____

7. You (pl.) will stay with your sister. _____

8. You and Carlo will laugh when you see the movie. _____

9. He will be able to see you tomorrow. _____

10. They will write a long letter. _____

11. I will answer the telephone. _____

12. She will have to study. _____

13. We will not forget to call you. _____

14. They will stay at the hotel downtown. _____

15. You will close the windows and the door. _____

16. They will drink only wine. _____

17. She will read this book. _____

18. You (sing.) will change the car next month. _____

19. He will write a poem. _____

20. I will make a cake. _____

esercizio   16-5

Translate the following paragraph into Italian.

This week the Song Festival is taking place in San Remo, a beautiful small town along the Italian Riviera. This is the fifty-fifth year for the festival. Thirty-two singers are competing for first place. This is the most prestigious competition for young singers in Italy. Each one of them hopes that his or her song will win. There will be many people and many celebrities from all over Europe attending the festival. People will enjoy themselves while the singers will be anxious for the competition. The festival will last for one week. At the end of the week one singer will win and he or she will be happy, while the others will go back home disappointed.

_____

_____

_____

_____

_____

_____

_____

vocabolario

to attend	**attendere**	to compete	**competere**
celebrities	**celebrità**	disappointed	**deluso/a**
competition	**competizione**	to last	**durare**

The Present Perfect and Preterite (*Passato Prossimo e Passato Remoto*)

esercizio	16-6

Translate the following sentences into Italian using the present perfect and the preterite.

1. I ate late. _____

_____

2. You (sing.) went to school. _____

_____

3. He understood everything. _____

_____

4. She closed the door. _____

_____

5. He won the game. _____

_____

6. You (pl.) studied. _____

_____

7. They slept all day. _____

_____

8. I went on the bus. _____

_____

9. You (sing.) sang in the choir. _____

_____

10. She came in. _____

_____

11. We returned with you. _____

_____

12. You (pl.) waited for us. _____

_____

13. They finished their work. _____

_____

14. I thought about you a lot. _____

_____

15. Carlo read the book. _____

_____

16. We called Carlo. _____

_____

17. She didn't understand. _____

_____

18. We told him the truth. _____

_____

19. You (sing.) came to my house. _____

_____

20. They finished the wine. _____

_____

The Past Perfect (*Trapassato Prossimo*)

esercizio 16-7

Translate the following sentences into English.

1. Avevo mangiato tardi. _____

2. Tu avevi capito tutto. _____

3. Lei aveva dormito fino a tardi. _____

4. Lui era partito con il treno. _____

5. Noi eravamo andati in palestra. _____

6. Voi avevate parlato con le vostre amiche. _____

7. Loro avevano capito tutto. _____

8. Io ero partito senza dire niente. _____

9. Tu avevi messo la maglia in macchina. _____

10. Lui aveva camminato molto. _____

11. Noi avevamo sperato di vedervi. _____

12. Voi avevate viaggiato molto. _____

13. Loro avevano venduto la casa. _____

14. Io le avevo regalato la bambola. _____

15. Tu avevi raccontato una storia ai bambini. _____

16. Lui aveva firmato il contratto. _____

17. Lei aveva pensato di venire con noi. _____

18. Noi avevamo guidato per molte ore. _____

19. Voi avevate bevuto troppo. _____

20. Loro erano diventati alti. _____

esercizio   16-8

Rewrite the following sentences in Italian.

1. I had slept late. _____

2. You (sing.) had spoken with her. _____

3. He had understood everything. _____

4. She had done a lot for him. _____

5. We had made a good cake. _____

6. You (pl.) had cried a lot. _____

7. They had arrived with us. _____

8. They had died in a car accident. _____

9. I had cleaned the house. _____

10. You (sing.) had washed the windows. _____

11. She had left for Rome. _____

12. We had arrived from Naples. _____

13. They had read a mystery book. _____

14. We had planned to go skiing. _____

15. You (sing.) had told him to be careful. _____

16. Maria had returned in winter. _____

17. Carlo had just left. _____

18. We had been to the restaurant with them. _____

19. Giovanni had already left. _____

20. She had become very important. _____

esercizio   16-9

Translate the following paragraphs into English.

Oggi, il mezzo di trasporto più diffuso in Italia è l'automobile. Un tempo la bicicletta era usata molto sia per andare al lavoro che per divertimento. Lo sviluppo dell'industria automobilistica ha cambiato molto il tenore di vita degli italiani. Un tempo la gente camminava molto più di oggi. Nelle grandi città i mezzi pubblici come autobus, tram, e la metropolitana permettono di spostarsi facilmente e senza dover cercare un parcheggio.

Con lo sviluppo della motorizzazione sono aumentati anche gli ingorghi stradali e l'inquinamento dell'aria. Le automobili erano state create per facilitare il trasporto. Oggi sono usate sia per andare al lavoro che per uso ricreativo.

_____

_____

_____

_____

_____

_____

_____

_____

_____

_____

vocabolario

ingorghi	jams	**spostarsi**	move around
inquinamento	pollution	**sviluppo**	development
mezzi pubblici	public transportation	**tram**	trolley
motorizzazione	motorization	**tenore di vita**	way of life

The Present Conditional (*Condizionale Presente*)

esercizio   16-10

Rewrite the following sentences in Italian using the present conditional.

1. I would like a coffee. _____

2. You (sing.) would read, but you are tired. _____

3. I would clean, but I don't have time. _____

4. Carlo would write, but he doesn't have a pen. _____

5. She would sell the house, but he doesn't want to. _____

6. We would ski, but there is no snow. _____

7. They would travel, but it is too expensive. _____

8. He would study, but it is late. _____

9. I would close the windows, but it is not cold. _____

10. She would understand, if you explained. _____

11. They would eat, but it is not ready. _____

12. I should go to the doctor. _____

13. You should keep your shoes on. _____

14. Could I speak with Maria? _____

15. We would go, but it is too late. _____

16. They would close the door. _____

17. Maria would travel, but she is afraid. _____

18. Carlo would eat, but he is full. _____

19. She would sell the car, but it is too old. _____

20. I wouldn't read a sports magazine. _____

The Past Conditional (*Condizionale Passato*)

esercizio | **16-11**

Rewrite the following sentences in Italian using the past conditional.

1. I would have been at home. _____

2. She would have spoken with me. _____

3. I would have listened. _____

4. You (pl.) would have cleaned. _____

5. We would have written. _____

6. They would have thought. _____

7. Carlo would have read. _____

8. Carlo and Maria would have slept. _____

9. You (pl.) would have wanted. _____

10. She should have come. _____

11. We should have slept. _____

12. They should have written. _____

13. I could have come. _____

14. Maria could have come. _____

15. We should have returned. _____

16. You (pl.) should have drunk. _____

17. They would have arrived. _____

18. They should have written. _____

19. I should have cleaned. _____

20. She shouldn't have gone. _____

The Present Subjunctive and Imperfect Subjunctive (*Presente Congiuntivo e Imperfetto Congiuntivo*)

esercizio   16-12

Change the infinitive to the present and imperfect subjunctive in the form indicated.

	Present Subjunctive	Imperfect Subjunctive
1. che io parlare	_____	_____
2. che tu cantare	_____	_____
3. che lei parlare	_____	_____
4. che noi venire	_____	_____
5. che voi camminare	_____	_____
6. che voi bere	_____	_____
7. che noi leggere	_____	_____
8. che loro sentire	_____	_____
9. che noi sapere	_____	_____
10. che tu capire	_____	_____
11. che noi dovere	_____	_____

12. che voi mandare   _____   _____

13. che io chiudere   _____   _____

14. che tu sentire   _____   _____

15. che noi parlare   _____   _____

16. che voi finire   _____   _____

17. che tu stare   _____   _____

18. che io dormire   _____   _____

19. che voi dovere   _____   _____

20. che loro imparare   _____   _____

The Past Subjunctive and Past Perfect Subjunctive (*Congiuntivo Passato e Congiuntivo Trapassato*)

esercizio   **16-13**

Change the infinitive to the past subjunctive and past perfect subjunctive in the form indicated.

	Past Subjunctive	**Past Perfect Subjunctive**
1. che io venire		
2. che tu imparare		
3. che lei dire		
4. che noi capire		
5. che voi sentire		
6. che lei capire		
7. che voi vedere		
8. che io vivere		
9. che noi prendere		
10. che tu aprire		
11. che lui conoscere		

12. che voi bere   _____   _____

13. che lui fare   _____   _____

14. che noi aspettare   _____   _____

15. che tu arrivare   _____   _____

16. che lei vedere   _____   _____

17. che voi partire   _____   _____

18. che io rimanere   _____   _____

19. che voi stare   _____   _____

20. che loro pensare   _____   _____

esercizio   16-14

Translate the following paragraph into Italian.

If I were rich, I would travel all over the world. I would visit remote places as well as large metropolitan areas. I would like to spend some time in locations where I could be of some help to children. I would like to teach them how to read and write. I would meet with friends, and together we would go to look for unusual adventures. My friends and I would climb mountains and we would canoe in rivers and lakes. At times we might be afraid but we would return home happy and with many precious memories. Life should be taken with a little bit of audacity and enthusiasm.

_____

_____

_____

_____

_____

_____

_____

_____

vocabolario			
audacity	**audacia**	remote	**remoto**
to canoe	**andere in canoa**	rivers	**fiumi**
to climb	**scalare**	unusual	**insolito**

esercizio 16-15

Rewrite the following sentences in Italian.

1. She resembles her mother.

_____

2. He likes to feed the birds.

_____

3. Don't listen to bad advice!

_____

4. He kicked her sister in the shins.

_____

5. The singers participate in the competition.

_____

6. Never give up your dreams!

_____

7. She doesn't like to shake hands with strangers.

_____

8. Boys like to play soccer.

_____

9. I would like to give him a present.

_____

10. They would be better off studying more.

_____

11. I would have liked to have learned to fly.

_____

12. They would have sent him to college, but they didn't have the money.

   _____

13. She had to hurry going to the airport.

   _____

14. The children had a lot of fun playing with water.

   _____

15. She needed her mother all the time.

   _____

16. When I was young, I was afraid of the dark.

   _____

17. I think I am able to come to your house.

   _____

18. They feed on vegetables and fruit only.

   _____

19. Don't worry about finishing the book.

   _____

20. I had hoped to be able to come to the wedding.

   _____

Final Review

In the following pages you will have extra opportunity to review and reinforce your knowledge of the conjugations you have learned throughout this book. You will also have the chance to use verbs in complete sentences and check your progress with the Answer Key provided at the end. Some of the verbs may not be found in the Glossary, but they all follow the pattern of the verbs already explained throughout the book.

Unit 1: The Present Tense (*Presente Indicativo*)

esercizio	R-1

Complete the sentences with the present tense form of the verbs in parentheses.

1. Io _____ (parlare) con mio fratello tutti i giorni.

2. Tu _____ (giocare) con la squadra migliore della città.

3. Lei _____ (sorridere) al ragazzo sull'autobus.

4. Noi _____ (scendere) le scale correndo.

5. Voi _____ (meditare) tutte le mattine all'alba.

6. Loro non _____ (raccogliere) le fragole nei boschi.

7. Volete _____ (andare) a vedere il film italiano questo fine settimana?

8. Sì, _____ (volere) andarci con i nostri amici.

9. In estate noi _____ (noleggiare) una sedia sdraio sulla spiaggia.

esercizio	R-2

Complete the sentences with the progressive tense of the verbs in parentheses.

1. Noi _____ (andare) al concerto con la famiglia.

2. Tu _____ (saltare) la corda con i bambini del nostro rione.

3. Io _____ (sognare) a occhi aperti.

4. La signora _____ (fare) la pizza.

5. I bambini _____ (andare) a letto.

6. Gli atleti _____ (fare) allenamento per le Olimpiadi.

7. La mia amica _____ (finire) i compiti.

8. La gente _____ (andare) a vedere la parata.

9. Noi _____ (partire) per l'Italia.

esercizio   **R-3**

Translate the following expressions into Italian.

1. The children are hungry. _____

2. Grandpa is sleepy. _____

3. He is afraid of heights. _____

4. In winter we are always cold. _____

5. The man is in a hurry. _____

6. We are very thirsty. _____

7. They are lucky. _____

8. We are hungry and thirsty. _____

9. In summer I am always warm. _____

esercizio   **R-4**

*Complete the sentences with **avere** or **essere** in the appropriate form.*

1. Noi _____ molti amici.

2. Lei _____ sempre elegante.

3. Oggi la mia amica _____ un bel vestito e delle belle scarpe.

4. Noi _____ una vita molto intensa.

5. Loro _____ contenti di rivedere i parenti.

6. I nostri amici _____ in Italia per tre settimane.

7. I miei genitori _____ una casa molto grande.

8. Io _____ dieci biglietti per la partita di calcio.

9. Che cosa (tu) _____?

---

esercizio **R-5**

*Use the correct form of **c'è** or **ci sono** in the following sentences.*

1. _____ molta acqua nel fiume.

2. _____ molti danni causati dal terremoto.

3. _____ solo un piccolo aereoporto in questa città.

4. _____ molti fiori selvatici nel prato.

5. Non _____ posti vicino a voi.

6. Quanti chilometri _____ per andare da Bologna a Milano?

7. Anche in Italia _____ molti supermercati.

8. _____ molta gente in spiaggia perchè fa molto caldo.

9. _____ molte persone alla festa?

---

esercizio **R-6**

*Complete the sentences using the expressions of time: **da quando**, **da quanto tempo**, or **da**.*

1. _____ sei in America?

2. _____ trenta anni.

3. _____ studi l'italiano?

4. Studio l'italiano _____ sei anni.

5. _____ conosci queste persone?

6. Le conosco _____ dieci anni.

7. Non vivono più in questa città _____ molto tempo.

8. Ho freddo perchè aspetto l'autobus _____ due ore.

9. _____ aspetti l'autobus?

esercizio   R-7

*Complete the sentences with the correct forms of **fare**.*

1. Che lavoro _____ tuo padre? Mio padre _____ il meccanico.

2. Che facoltà (tu) _____? Io _____ la facoltà di medicina.

3. Che cosa vuoi _____ da grande? Voglio _____ l'ingegnere elettronico.

4. Che cosa _____ i tuoi amici alla domenica? Studiano e _____ i compiti.

5. Mia cognata _____ dei bellissimi ricami.

6. Le donne moderne non _____ la scuola di ricamo.

7. Da quanto tempo (voi) _____ l'allenamento di pallacanestro?

8. Lei _____ dei buonissimi dolci.

9. Tu _____ una bella vita.

esercizio   R-8

Translate the following sentences into Italian.

1. My mother doesn't know that I am leaving for America.

_____

2. The farmer knows that the rain is important for the corn.

_____

3. Do you (sing.) know that he has found a new wife?

_____

4. They know many people in this town.

_____

5. I would like to know that young man.

_____

6. I would like to know many languages.

_____

7. My brother knows many people.

_____

8. He would like to know Chinese.

_____

9. The girl knows how to play the piano, and her brother knows how to play tennis.

_____

esercizio	**R-9**

Translate the following sentences into Italian using the modal verbs **volere**, **potere**, or **dovere**.

1. Maria wants to go out with her friends.

_____

2. We want to study a new language.

_____

3. We can get a work visa.

_____

4. I want to write a book about my life.

_____

5. They have to buy a lot of food.

_____

6. She has to study for the exams.

_____

7. Your (sing.) husband cannot go to work tomorrow.

_____

8. Lucia has to clean the house.

_____

9. You (sing.) want to buy a bottle of red wine.

_____

esercizio   R-10

Complete each sentence with the appropriate verb in parentheses.

1. I miei genitori sperano di _____ (partire/lasciare) con il treno delle 8,00.

2. Lui _____ (partire/lasciare) sempre le scarpe vicino al letto.

3. Con chi _____ (voi-partire/lasciare)?

4. Con chi _____ (voi-lasciare/partire) i bambini?

5. L'autobus _____ (partire/ lasciare) tutte le mattine.

6. Mia mamma _____ (lasciare/partire) le chiavi a casa quando _____ (uscire).

7. La ragazza _____ (dovere) studiare di più.

8. Noi _____ (conoscere/sapere) bene questa città.

9. Maria _____ (uscire/lasciare) di casa con suo marito.

Unit 2: The Imperative (*Imperativo*)

esercizio   R-11

Translate the following sentences into Italian. (Use "you" in the singular unless noted otherwise.)

1. Be a good friend! Help him! _____

2. Eat a lot of fruits and vegetables! _____

3. Let's walk fast! _____

4. Go to sleep early! _____

5. Be patient with the children! _____

6. Feed (you, pl.) the cat! _____

7. Don't watch (you, pl.)too much television! _____

8. Put the food in the refrigerator! _____

9. Fill the pitcher with cold water! _____

esercizio	R-12

Complete the following sentences with formal commands of the verbs in parentheses.

1. Signor Luigi, _____ (venire) a casa nostra a cena!

2. Signora, qualcuno ha suonato il campanello. _____ (aprire) la porta, per favore!

3. Signorina, _____ (lavorare) di più e _____ (parlare) di meno!

4. Mi _____ (fare) un caffè, per favore!

5. Non _____ (pensare) più a quella ragazza!

6. Professore, non _____ (dare) troppi compiti agli studenti!

7. Signora, non _____ (spendere) troppi soldi!

8. Signor Bongiovanni, _____ (stare) a casa e _____ (andare) a letto!

9. Signorina, non _____ (andare) a letto troppo tardi alla sera!

Unit 3: Reflexive Verbs (*Verbi Riflessivi*)

esercizio	R-13

Complete the following sentences with the reflexive verbs in parentheses.

1. La bambina _____ (addormentarsi) con la sua coperta.

2. Il padre _____ (riposarsi) dopo una giornata di lavoro.

3. Io non _____ (svegliarsi) molto presto.

4. Noi _____ (divertirsi) molto quando andiamo in vacanza.

5. Il ragazzo _____ (alzarsi) dalla sedia.

6. Isabella _____ (vestirsi) da sola.

7. Gli impiegati _____ (lavarsi) le mani prima di toccare il cibo.

8. I miei amici _____ (sposarsi) a Roma.

9. I ragazzi oggi non _____ (pettinarsi) mai.

Unit 4: The Future Tense (*Futuro Semplice*)

esercizio	R-14

Translate the following sentences into Italian.

1. We will go on vacation this summer. _____

2. I will write my memoirs when I'll have time. _____

3. At what time will the show start? _____

4. Will you (sing.) go to Italy to study Italian? _____

5. The children will eat pizza tonight. _____

6. She will answer all the questions on the test. _____

7. You (pl.) will sing with the choir next week. _____

8. They will repair the garage door. _____

9. He will make a beautiful portrait of the family. _____

esercizio	R-15

Complete the sentences with the correct form of the future for the verbs in parentheses.

1. Se voi _____ (visitare) il museo, _____ (essere) molto contenti.

2. Se _____ (io-dovere) lavorare tutta l'estate, _____ (essere) molto stanca in autunno.

3. I turisti _____ (comprare) molti oggetti regalo.

4. La sua vita _____ (essere) più facile quando _____ (trovare) un lavoro.

5. So che voi _____ (studiare) molto per gli esami di maturità.

6. Quando voi _____ (venire) in America, vi _____ (portare) a vedere i Grandi Laghi.

7. Noi _____ (prenotare) un albergo nel centro della città.

8. Che cosa _____ (succedere) se non ritorna a casa?

9. Io e mio marito li _____ (accompagnare) all'aeroporto.

esercizio R-16

Translate the following sentences into Italian.

1. When will you (sing.) take the children to the park?

   _____

2. Will she bake a cake for her husband's birthday?

   _____

3. We will have to go shopping before our friends from Italy arrive.

   _____

4. Tomorrow I will know if the exams went well.

   _____

5. He will give the cat some food and some water.

   _____

6. This weekend we'll see a silent movie.

   _____

7. My friends (f.) will come to my house for tea.

   _____

8. He will not fall if he holds the cane in his hands.

   _____

9. How long will they stay on vacation?

   _____

esercizio R-17

Complete the following sentences with the present or the future tense as necessary.

1. Noi _____ (andare) al mercato e _____ (comprare) molta frutta.

2. Io _____ (sapere) che se studiate molto _____ (avere) molto successo.

3. La mia vita _____ (essere) molto triste una volta che miei figli _____ (partire).

4. Anche se _____ (piovere) noi _____ (andare) al parco.

5. Sabato prossimo _____ (noi-andare) tutti a vedere la partita di calcio.

6. Oggi _____ (noi-guardare) la partita di calcio.

7. Se _____ (tu-sentire) i tuoni, vuol dire che _____ (piovere).

8. Noi _____ (mangiare) sempre troppo quando andiamo ad una festa.

9. Noi _____ (mangiare) e _____ (bere) troppo durante le vacanze natalizie.

Unit 5: The Present Perfect Tense (*Passato Prossimo*)

esercizio   R-18

Complete the following sentences with the present perfect form of the verbs in parentheses.

1. Io _____ (vedere) tanti elefanti in Africa.

2. Tu _____ (aggiungere) l'acqua al vino.

3. Lei _____ (piangere) tutto il giorno, ma non so il motivo.

4. Lui non _____ (spegnere) la luce e _____ (lasciare) la porta aperta.

5. Noi _____ (giocare) al tennis, ma _____ (perdere).

6. Voi _____ (ridere) molto quando _____ (vedere) la commedia.

7. Le mie cugine _____ (cuocere) il coniglio al forno.

8. Le _____ (io-chiedere) un ombrello, perchè _____ (lasciare) il mio a casa.

9. La squadra di calcio _____ (perdere) il campionato.

esercizio   R-19

Complete the following sentences with the present perfect form of the verbs in parentheses.

1. Il direttore d'orchestra _____ (dirigere) il concerto con molto entusiasmo.

2. Tu _____ (ridere) continuamente in classe.

3. Io _____ (tradurre) molti documenti negli ultimi mesi.

4. È una persona molto simpatica e _____ sempre _____ (attrarre) molti amici.

5. Quando le _____ (io-chiedere) di aiutarmi, _____ (lei-scomparire).

6. Le colonne della vecchia chiesa non _____ (reggere) più.

7. Quando Giovanna _____ (uscire), non _____ (spegnere) il fornello del gas.

8. Io le _____ (scrivere), ma lei non mi _____ (rispondere) mai.

9. Il padre e il figlio _____ (discutere) di politica.

esercizio   R-20

Translate the following sentences into Italian using the present perfect.

1. You (sing.) prepared a very tasty breakfast.

   _____

2. Last Sunday I went on a cruise ship with my parents.

   _____

3. Tom did many exercises. He understood the lesson well.

   _____

4. Where did you (sing.) put the book I was reading?

   _____

5. We have not decided anything yet.

   _____

6. The company hired our friend.

   _____

7. We added a dish for him.

   _____

8. The old man did not understand the lesson very well.

   _____

9. Giovanni lost his watch when he went to the lake.

   _____

esercizio   R-21

Complete the following sentences with the correct form of the verbs in parentheses.

1. Il bambino _____ (diventare) grande.

2. Il gruppo turistico _____ (partire) questa mattina.

3. Noi _____ (rimanere) a casa ad aspettarvi.

4. Il signore _____ (cadere) nel ristorante.

5. Mia sorella _____ (apparire) all'improvviso a casa mia.

6. Loro _____ (nascere) in Italia e _____ (morire) in America.

7. Noi _____ (stare) in un posto molto interessante.

8. Voi _____ (salire) sull'ascensore.

9. Tu (m.) _____ (arrivare) alla stazione in ritardo.

Unit 6: The Imperfect Tense (*Imperfetto*)

esercizio   R-22

Complete the following sentences with the imperfect form of the verbs in parentheses.

1. Mentre _____ (noi-andare) a casa, abbiamo visto spuntare la luna.

2. Quando noi _____ (essere) in vacanza in Sicilia, _____ (guardare) sempre il tramonto.

3. Luisa mi _____ (telefonare) sempre quando _____ (viaggiare).

4. Ogni volta che lui _____ (uscire) di casa _____ (lasciare) la luce accesa.

5. Giovanni non _____ (ascoltare) mai nessuno.

6. Io _____ (leggere) il giornale tutte le mattine prima di andare al lavoro.

7. Quando mia mamma _____ (essere) in ospedale, io _____ (stare) sempre vicino a lei.

8. Durante la mia infanzia _____ (io-vivere) in Africa.

9. Io e Teresa _____ (camminare) sotto la pioggia senza l'ombrello.

esercizio   R-23

Translate the following sentences into Italian using the imperfect tense.

1. I used to go to the market every Saturday morning.

2. We wanted to go to the park, but it was too warm.

   _____

3. Where were you (sing.) when we called you?

   _____

4. When we went to the mountains, we liked drinking the water from the creek.

   _____

5. They were always reading very interesting books.

   _____

6. At the office we always used to talk about politics.

   _____

7. She wanted to send a letter to the airline company to complain about the delay.

   _____

8. I hoped to see you (sing.) at the festival.

   _____

9. The meteorologists were predicting bad weather for the entire week.

   _____

| esercizio | R-24 |

Complete the following sentences with the imperfect and the present perfect as needed.

1. Mentre noi _____ (venire) a casa _____ (vedere) un cerbiatto.

2. L'insegnante _____ (spiegare) bene la lezione, ma gli studenti non _____ (capire).

3. Elena _____ (comprare) una torta per suo marito, e lui _____ (volere) mangiarla subito.

4. I due turisti _____ (sembrare) persi. Noi _____ (fermarsi) e li _____ (aiutare).

5. Mi _____ (sembrare) tardi per telefonarle. Così _____ (decidere) di aspettare fino al giorno dopo.

6. Alessandra oggi non _____ (fare) la spesa perchè _____ (ritornare) tardi dal lavoro.

7. Mentre Alessandra _____ (ritornare) a casa dal lavoro _____ (ricordarsi) che

_____ (dovere) fermarsi in lavanderia.

8. Ieri, al lavoro io non _____ (sentirsi) bene, perciò _____ (ritornare) a casa e

_____ (andare) a letto.

9. Lui _____ (leggere) il giornale tutte le mattine e non _____ (trovare) mai delle notizie interessanti.

esercizio   R-25

Translate the following sentences into Italian.

1. I was sixteen years old when I came to America.

   _____

2. It was very windy when the plane landed in Chicago.

   _____

3. How old was your (sing.) grandfather when he died?

   _____

4. When I woke up, it was snowing very hard.

   _____

5. It was very late when you (sing.) returned from work.

   _____

6. There was lots of water in the streets after the storm.

   _____

7. You (sing.) fell asleep while you were reading the newspaper.

   _____

8. Once in a while I used to see my neighbor with his dog.

   _____

9. The grandmother used to make cookies for the grandchildren when they visited her.

   _____

Unit 7: The Preterite (*Passato Remoto*)

esercizio	R-26

Complete the following sentences with the preterite form of the verbs in parentheses.

1. Tu mi _____ (comprare) una borsa di pelle.

2. Noi _____ (mangiare) troppo gelato.

3. Maria e Paola _____ (giocare) al tennis per tre ore.

4. L'aereo _____ (arrivare) con tre ore di ritardo.

5. La sua vita _____ (essere) molto avventurosa.

6. Voi _____ (comprare) molti regali quando _____ (venire) in America.

7. Gli atleti _____ (vincere) tutte le gare di sci.

8. Lei _____ (scendere) dalla scala cautamente.

9. Io _____ (vivere) in una piccola città per molti anni.

esercizio	R-27

Complete the following sentences with the preterite form of the verbs in parentheses.

1. Lui _____ (nascere) in inverno.

2. Lei non _____ (sapere) che cosa dire quando lo _____ (vedere).

3. Io _____ (tenere) la porta aperta per la vecchia signora.

4. Le giornate _____ (passare) in un baleno.

5. Giovanni non _____ (dire) una parola quando il professore lo _____ (interrogare).

6. La mia amica _____ (cadere) dalle scale e si _____ (fratturare) una gamba.

7. Noi _____ (parcheggiare) la macchina e _____ (prendere) l'autobus.

8. Mia mamma _____ (decidere) di non viaggiare più in aereo.

9. L'estate scorsa ci _____ (essere) molta siccità e le piante _____ (soffrire) molto.

| esercizio | R-28 |

Complete the following sentences with the preterite form of the verbs in parentheses.

1. Io _____ (piangere) molto quando mia figlia _____ (partire).

2. Il film non _____ (piacere) molto a nessuno.

3. Loro _____ (fare) molti viaggi e _____ (vedere) molte cose nuove.

4. Le nostre ferie _____ (essere) piene di avventure.

5. Io _____ (spegnere) la luce e _____ (chiudere) la porta quando _____ (uscire).

6. Mia figlia e le sue amiche _____ (ridere) tutta la sera.

7. Noi _____ (andare) a fare una passeggiata in campagna e _____ (raccogliere) tanti fiori campestri.

8. L'estate scorsa _____ (io-leggere) molti libri interessanti.

9. Mia nonna _____ (cadere) e _____ (rompersi) un braccio.

Unit 8: The Past Perfect (*Trapassato Prossimo*), Preterite Perfect (*Trapassato Remoto*), and Future Perfect (*Futuro Anteriore*)

| esercizio | R-29 |

Complete the following sentences with the past perfect form of the verbs in parentheses.

1. Loro _____ (chiamare) il padrone di casa, ma lui non era in casa.

2. Mi _____ (lui-dire) che sarebbe venuto con me, ma _____ (dimenticare) il suo passaporto.

3. Noi non _____ (finire) di mangiare quando ha telefonato.

4. Mia mamma mi _____ (promettere) che mi avrebbe scritto una lettera.

5. I ladri _____ (entrare) in casa dalla finestra.

6. Io _____ (comprare) un ombrello, ma l'ho perso.

7. Lei _____ (vendere) la casa e non sapeva dove andare a vivere.

8. I nostri amici _____ (festeggiare) il loro anniversario in un posto molto romantico.

9. Tu volevi andare al cinema, ma _____ già _____ (vedere) tutti i film che

_____ (uscire) il mese scorso.

esercizio   R-30

Translate the following sentences into Italian using the future perfect.

1. I will have cleaned my room. _____

2. You (sing.) will have changed your dress. _____

3. He will have departed. _____

4. She will have completed her studies. _____

5. We will have bought another set of keys. _____

6. You (pl.) will have read his book. _____

7. They will have called you (sing., fam.). _____

8. I will have translated the document. _____

9. You (sing.) will have learned the future perfect. _____

esercizio   R-31

Complete the following sentences with the future perfect form of the verbs in parentheses.

1. Finalmente _____ (io-finire) di pulire la casa.

2. La prossima volta che ti vedrò, tu _____ (costruito) una casa nuova.

3. La tua amica _____ (ritornare) dall'Italia.

4. Ti manderò un messaggio appena _____ (io-arrivare).

5. Giovanni _____ (andare) dal dottore.

6. Lei _____ (pulire) la casa da cima a fondo.

7. Se voi _____ (finire) di studiare, _____ (potere) andare a giocare.

8. Alla fine dell'estate, lui _____ (giocare) molto a tennis.

9. Il campionato _____ (finire) e i giocatori _____ (riposarsi).

Unit 9: The Present Conditional (*Condizionale Presente*)

esercizio   R-32

Complete the following sentences with the present conditional form of the verbs in parentheses.

1. Io _____ (viaggiare) sempre.

2. Tu _____ (pulire), ma non ti senti bene.

3. Lui _____ (andare) alla riunione, ma non ha la macchina.

4. Maria _____ (venire) alla tua festa, ma non sa dove abiti.

5. Io _____ (volere) parlare con le mie nipoti.

6. Tu _____ (mangiare) la frittata, ma c'è troppo olio.

7. Noi _____ (comprare) una bicicletta, ma è troppo cara.

8. Voi _____ (camminare) molto se foste in campagna.

9. Loro mi _____ (includere) se capissi la loro lingua.

esercizio   R-33

Complete the following sentences with the present conditional form of the verbs in parentheses.

1. Io _____ (dare) molti giocattoli ai bambini poveri.

2. Tu _____ (stare) al mare se non cominciasse la scuola.

3. Lui _____ (andare) a scuola con la motocicletta se non piovesse.

4. Lei _____ (andare) a visitare sua nonna, ma non ha tempo.

5. Le persone anziane non _____ (cadere) se usassero il bastone.

6. Loro _____ (potere) prendere l'aereo per viaggiare.

7. Voi _____ (vedere) tanti posti nuovi.

8. Loro _____ (bere) una birra, ma non è fredda.

9. Io _____ (rimanere) a casa volentieri, ma lui vuole che io vada in palestra.

esercizio	R-34

Translate the following sentences into English.

1. Verrei a casa tua per parlare del tuo viaggio.

   _____

2. Vedresti il tuo alunno preferito.

   _____

3. Lei terrebbe i suoi cani.

   _____

4. Io non saprei che cosa fare.

   _____

5. Noi berremmo del buon vino.

   _____

6. Voi andreste al mercato tutti i giorni.

   _____

7. Io sarei felice di rivederti.

   _____

8. Loro starebbero con i loro nipoti.

   _____

9. Mi piacerebbe sapere nuotare.

   _____

esercizio	R-35

Answer the following questions with complete sentences in the present conditional tense, using the suggestions given in parentheses.

1. Dove vorresti andare? (al mare)

   _____

2. Quando vorresti partire? (domani mattina)

   _____

3. Prenderesti un taxi se nessuno ti venisse a prendere? (sì)

   _____

4. Chi vorresti vedere domani? (la mia nipotina)

_____

5. Fra quanti giorni vorresti finire il corso di italiano? (una settimana)

_____

6. Ti piacerebbe andare sulla luna? (no)

_____

7. Saresti contenta di parlare con il presidente? (sì)

_____

8. Dove vorrebbero scendere dall'autobus? (in centro)

_____

9. Quanti soldi vorresti spendere? (pochi)

_____

esercizio   R-36

Answer the following questions with complete sentences in the present conditional using the suggestions given in parentheses.

1. Verresti al cinema con noi domani? (sì)

_____

2. Sarebbero contenti di andare al teatro? (sì)

_____

3. Che cosa vorresti studiare? (giurisprudenza)

_____

4. Mi porterebbe il caffè a letto? (no)

_____

5. La bambina piangerebbe se non vede suo padre? (sì)

_____

6. Che cosa compreresti se non fosse freddo? (il gelato)

_____

7. Vi piacerebbe andare a sciare? (sì)

_____

8. Quando vorreste venire a casa nostra? (in estate)

_____

9. Vorreste stare in un grande albergo? (no, piccolo)

_____

Unit 10: The Past Conditional (_Condizionale Passato_)

| esercizio | R-37 |

Complete the following sentences with the past conditional form of the verbs in parentheses.

1. Io _____ (bere) volentieri una birra fredda.

2. Maria mi ha detto che _____ (venire) a casa mia la prossima settimana.

3. Io non _____ (comprare) questi stivali, ma avevo freddo.

4. Lei non _____ (rispondere) al telefono se avesse saputo chi la chiamava.

5. Giovanni le _____ (scrivere), ma non aveva l'indirizzo.

6. Noi _____ (capire) se lei avesse parlato ad alta voce.

7. La distanza _____ (accorciare) dal desiderio di vederla.

8. Loro _____ (dovere) sapere che quel ragazzo non era molto affidabile.

9. Le giornate in inverno _____ (essere) molto lunghe senza la televisione.

| esercizio | R-38 |

Translate the following sentences into Italian.

1. He would have taken the medicine. _____

2. She would have gone to the doctor. _____

3. I should have called you (pl.). _____

4. We would have sold the house. _____

5. They would have slept all night. _____

6. You (pl.) should have arrived earlier. _____

7. I would have bought a new car. _____

8. We would have had dinner late. _____

9. We would have made a cake for his birthday. _____

---

esercizio   R-39

Complete the following sentences with the past conditional form of the verbs in parentheses.

1. La signora _____ (venire), ma era troppo tardi.

2. Il mio gatto _____ (venire) sul mio letto, ma io non ce lo volevo.

3. Il ragazzo _____ (prendere) una multa, ma la polizia non l'ha visto.

4. Noi _____ (andare) a vedere l'opera, ma non abbiamo trovato i biglietti.

5. Voi _____ (andare) in spiaggia, ma ha piovuto tutto il giorno.

6. Io vi _____ (invitare) a cena da me, ma ero troppo stanca.

7. Lei _____ (lavare) il vestito, ma non aveva il sapone.

8. Tu _____ (fare) il discorso, ma nessuno lo _____ (ascoltare).

9. I giovani _____ (ballare) tutta la notte, ma è andata via la luce.

Unit 11: Compound Reflexive Verbs (*Verbi Riflessivi Composti*)

---

esercizio   R-40

Complete the following sentences with the present perfect form of the reflexive verbs in parentheses.

1. Maria _____ (svegliarsi) tardi.

2. Io non _____ (alzarsi) presto oggi.

3. Loro _____ (innamorarsi) di Roma.

4. Tu _____ (pettinarsi) davanti allo specchio.

5. Mio marito _____ (addormentarsi) davanti alla televisione.

6. Felipe e Vanessa _____ (sposarsi) il mese scorso.

7. Il bambino non _____ (lavarsi) le mani prima di mangiare.

8. La signora _____ (mettersi) la sciarpa prima di uscire.

9. I bambini _____ (divertirsi) al circo.

esercizio R-41

Rewrite the following sentences using the past perfect.

1. Io mi addormento tardi. _____

2. Voi vi alzate presto. _____

3. Tu ti senti male a causa del caldo. _____

4. Mio fratello non si lucida mai le scarpe. _____

5. Lui si mette il cappello prima di uscire. _____

6. Lui si toglie il cappello prima di entrare in chiesa. _____

7. Lei si prepara per andare a lavorare. _____

8. I miei amici si chiamano tutti i giorni. _____

9. Carlo si compra un bel cappotto. _____

esercizio R-42

Complete the following sentences using the future perfect form of the verbs in parentheses.

1. Carlo _____ (comprarsi) una macchina nuova.

2. Maria _____ (comprarsi) un bel vestito.

3. I nostri amici _____ (sposarsi).

4. Noi _____ (parlarsi).

5. Noi _____ (scriversi) molte lettere.

6. Tu _____ (lavarsi) dalla testa ai piedi.

7. Lei _____ (laurearsi) alla fine dell'anno.

8. Voi _____ (divertirsi) molto.

9. Io _____ (mettersi) a studiare il latino.

esercizio	R-43

Rewrite the following sentences using the past conditional.

1. Io mi sveglio presto. _____

2. Ti pettini sempre. _____

3. Mi metto il cappotto prima di uscire. _____

4. Lei si siede vicino alla finestra. _____

5. Lui si incontra con gli amici. _____

6. Noi ci siamo raffreddati. _____

7. Voi vi innamorate dell'Italia. _____

8. Loro si comportano male. _____

9. Io mi sdraio sul divano. _____

Unit 12: The Subjunctive Mood (*Modo Congiuntivo*)

esercizio	R-44

Complete the following sentences with the present subjunctive form for the verbs in parentheses.

1. Spero che tu _____ (imparare) bene l'italiano.

2. Tu vuoi che io _____ (scrivere) un altro libro.

3. Lei spera che io _____ (scrivere) la storia della mia vita.

4. Noi speriamo che voi _____ (arrivare) in orario alla riunione.

5. Voi credete che lui _____ (sentire) il telefono.

6. Voi pensate che noi _____ (capire) il congiuntivo.

7. Abbiamo paura che lui _____ (perdere) il treno.

8. Credo che loro _____ (finire) gli scalini della chiesa.

9. Crede che voi _____ (sapere) giocare a golf.

esercizio   R-45

Complete the following sentences with the present subjunctive form for the verbs in parentheses.

1. Penso che tu _____ (dovere) correggere i compiti degli studenti.

2. Desidero che lei _____ (avere) tutto quello che desidera.

3. Ci tengo che lui mi _____ (trovare) sempre in ordine.

4. Lui ci tiene che voi _____ (fare) bella figura.

5. Ho paura che tutte le mie piante _____ (morire) a causa del freddo.

6. Lei vuole che io _____ (cuocere) la pasta.

7. Non credo che _____ (valere) la pena che io _____ (venire).

8. Desidero che tu _____ (rimanere) a casa mia per tanto tempo.

9. Non vuole che la bambina _____ (salire) le scale da sola.

esercizio   R-46

*Rewrite the following sentences using the subjunctive with **mi dispiace che**.*

1. Lui mangia poco. _____

2. Non ho ricevuto la sua lettera. _____

3. Lei vive lontano da me. _____

4. Loro leggono un libro poco interessante. _____

5. Lui arriva sempre in ritardo. _____

6. Non avete visto la televisione ieri. _____

7. Non possiamo rimanere. _____

8. Non ti piace la birra. _____

9. Fa molto freddo oggi. _____

esercizio   R-47

*Rewrite the following sentences using the subjunctive with **spero che**.*

1. Oggi non stai bene. _____

2. Lei vuole studiare in America. _____

3. Mi piace studiare il tedesco. _____

4. Lui dorme molto. _____

5. Hai trovato il mio portafoglio. _____

6. Voi camminate lentamente. _____

7. Loro non si fanno male. _____

8. L'aereo non è pieno. _____

9. L'aereo è in orario. _____

esercizio   R-48

*Rewrite the following sentences using the subjunctive with **preferisco** or **preferisco che**.*

1. Loro viaggiano in aereo. _____

2. Io voglio che tu mangi la minestra. _____

3. Carlo e Maria vanno d'accordo. _____

4. Mi piace ascoltare la musica italiana. _____

5. Dopo il viaggio si riposa. _____

6. Lei insegna alla sera. _____

7. Voglio che tu mi visiti nella casa al mare. _____

8. Loro costruiscono una casa nuova. _____

9. Lei compra una collana di perle. _____

esercizio   R-49

Complete each sentence with the present subjunctive form of the verbs in parentheses.

1. È necessario che voi _____ (richiedere) il visto prima di partire.

2. È importante che loro _____ (studiare) prima degli esami.

3. È impossibile che voi _____ (venire) a visitarci la prossima estate.

4. È probabile che lei _____ (prendere) la patente quest'anno.

5. È ovvio che le _____ (mancare) la famiglia.

6. È importante che noi _____ (imparare) la strada.

7. È raro che io _____ (uscire) di casa da sola di sera.

8. Malgrado _____ (fare) freddo c'è molta gente nel parco che fa sport.

9. È preferibile che vi _____ (presentare) personalmente in banca.

esercizio   R-50

Complete the following sentences with the appropriate forms and tenses of the verbs in parentheses.

1. Conosciamo un negozio che _____ (vendere) articoli da regalo.

2. Cerco un negozio che _____ (vendere) articoli da regalo.

3. La sposa ha bisogno di un mazzo di fiori che _____ (essere) molto bello.

4. Conosco un fioraio che _____ (vendere) dei bellissimi fiori.

5. È il chirurgo che io _____ (conoscere) meglio di tutti.

6. Questo poliziotto ti _____ (aiutare) molto.

7. Cerchiamo un poliziotto che _____ (venire) ad aiutarci.

8. Mio marito pensa che la tua macchina _____ (essere) molto bella.

9. Sappiamo che a voi _____ (piacere) andare in bicicletta.

esercizio   R-51

Complete the following sentences with the imperfect subjunctive form for the verbs in parentheses.

1. Io speravo che tu _____ (trovare) dei buoni amici.

2. Tu preferiresti che noi _____ (studiare) per gli esami.

3. Era necessario che lui _____ (comprare) il cibo per il gatto.

4. Lei sperava che io le _____ (regalare) una macchina nuova.

5. Era impossibile che lei _____ (trovare) lavoro in poco tempo.

6. Preferirei che mia nipote si _____ (iscrivere) all'università.

7. I miei genitori volevano che io _____ (scrivere) tutte le settimane.

8. Speravo che lei _____ (capire) la chimica.

9. Le mie alunne speravano che io _____ (fare) una bella festa.

esercizio   R-52

Translate the following sentences into Italian using the imperfect subjunctive.

1. I wanted her to sing. _____

2. I hoped that you (sing.) would sing in church. _____

3. She believed I would finish the book. _____

4. You (sing.) were afraid he would not come. _____

5. I would like you (sing.) to call me tonight. _____

6. She wanted me to talk to the doctor. _____

7. You (sing.) hoped that he had a big boat. _____

8. The boss wanted us to pick blueberries all day long. _____

9. I wish my life were less complicated. _____

esercizio	R-53

Rewrite the following sentences using the imperfect subjunctive.

1. Spero che tu non guidi troppo velocemente. _____

2. Desiderano che tu li svegli presto. _____

3. Preferisco che i suoi amici vengano a casa mia. _____

4. Penso che lei compri una macchina nuova. _____

5. Credo che sia meglio che tu vada dal dottore. _____

6. Pensa che io sia innamorata. _____

7. Non crede che voi sappiate sciare. _____

8. Dubitiamo che loro riescano a costruire la casa. _____

9. Pensi che io raccolga molti funghi nel bosco? _____

esercizio	R-54

Complete the following sentences with the imperfect subjunctive form for the verbs in parentheses.

1. Lei doveva andare in ufficio sebbene l'aereo _____ (essere) in ritardo.

2. Vorrei che tu _____ (trovare) un'isola lontana da tutto e da tutti.

3. Volevano che io _____ (andare) a casa loro e _____ (cucinare)

4. Immaginavo che loro _____ (essere) stanchi morti.

5. Lei pensava che io _____ (soffrire) il fuso orario.

6. Vorrebbe che lei _____ (prendere) la medicina per l'emicrania.

7. La mamma voleva che io _____ (imparare) a fare i tortellini.

8. Avevamo paura che voi non _____ (trovare) la strada di casa nostra.

9. Loro ascoltavano la radio sebbene tu _____ (studiare).

esercizio	R-55

Complete the following sentences with the past subjunctive form of the verbs in parentheses.

1. Credo che loro _____ (prendere) il treno.

2. Carlo dubita che lei _____ (comprato) il vestito da sposa.

3. Dubito che voi _____ (scegliere) i mobili per la casa nuova.

4. Credo che i ragazzi _____ (andare) in montagna.

5. Pensiamo che loro _____ (decidere) di non venire da noi.

6. Penso che lui _____ (vestirsi) da solo.

7. Dubitiamo che la bambina _____ (allacciarsi) le scarpe da sola.

8. Penso che i bambini _____ (fare) un corso di nuoto.

9. Credi che Maria _____ (divertirsi) al festival?

esercizio	R-56

Complete the following sentences with the present perfect or the past subjunctive form of the verbs in parentheses, as necessary.

1. È impossibile che Paolo _____ già _____ (arrivare).

2. Sono sicura che Paolo _____ già _____ (arrivare).

3. Sei sicuro che lui non _____ (vedere) le cascate del Niagara?

4. È probabile che voi _____ (leggere) questo libro.

5. Sono sicura che Carlo _____ (chiudere) la porta di casa.

6. È possibile che Carlo non _____ (chiudere) la porta di casa.

7. Ho saputo che Maria _____ (avere) un incidente con la motocicletta.

8. Benchè Maria _____ (avere) un incidente con la motocicletta non porta mai il casco.

9. Penso che la guerra _____ (finire).

esercizio R-57

Complete the following sentences with the past perfect subjunctive form of the verbs in parentheses.

1. Tu eri triste che loro _____ (partire).

2. Il professore sperava che gli studenti _____ (capire) la lezione.

3. Pensavo che la ragazza _____ (trovare) un lavoro.

4. Credeva che noi _____ (ricevere) il suo messaggio.

5. Desideravo che lui ci _____ (invitare) alla festa.

6. Maria pensava che tu _____ (arrivare) prima di lei.

7. Avrei preferito che lui _____ (continuare) a studiare.

8. Pensavo che il direttore ti _____ (parlare).

9. Era probabile che voi _____ (finire) di leggere il libro.

esercizio R-58

Complete the following sentences using the present, imperfect, past, or past perfect subjunctive, as required, for the verbs in parentheses.

1. È necessario che tu _____ (capire) bene.

2. Era impossibile che tu lo _____ (conoscere).

3. È possibile che tu _____ già _____ (parlare) con il professore.

4. Era impossibile che tu _____ (parlare) con il professore.

5. Credo che tu _____ già _____ (venire) qui.

6. Vorremmo che lei _____ (essere) più aperta.

7. Volevamo che lei _____ (essere) più ragionevole.

8. Speravo che loro ti _____ (aiutare).

9. Speravamo che loro ti _____ (aiutare).

esercizio   R-59

Complete the following sentences with the subjunctive form of the verbs in parentheses.

1. Se noi _____ (prendere) il treno delle venti, arriveremmo a casa presto.

2. Se noi _____ (arrivare) in orario, non avremmo perso l'aereo.

3. Noi verremmo a casa tua se tu non _____ (essere) ammalata.

4. Saremmo venuti a casa tua se tu non _____ (andare) dal dottore.

5. Se lui _____ (giocare) a tennis quando era piccolo, sarebbe potuto essere un campione.

6. Se lui le _____ (comprare) la collana di diamante, lei sarebbe stata felice.

7. Se loro _____ (incontrarsi), sarebbero potuti andare al cinema.

8. Se tu _____ (avere) molti soldi, avresti potuto comprare una casa.

9. Se non _____ (venire) il terremoto, la gente non si sarebbe spaventata.

Unit 13: The Passive Voice (*Forma Passiva*)

esercizio   R-60

Complete the following sentences using the passive voice of the verbs in parentheses.

1. Il conto dell'albergo _____ (pagare) questa mattina.

2. La macchina _____ (comprare) dopo una lunga discussione.

3. I contratti di lavoro _____ (firmare) un mese fa.

4. Le finestre _____ (cambiare) l'anno scorso.

5. Le vetrine dei negozi _____ (allestire) la settimana scorsa.

6. Il film _____ (doppiare) in molte lingue.

7. Il ciclista _____ (eliminare) a causa di un incidente.

8. La vita _____ (vivere) da suo padre con tanto zelo.

9. _____ (trovare) un nuovo pianeta.

esercizio   **R-61**

Change the following sentences from the active to the passive voice.

1. Io scrivo libri di grammatica.

   _____

2. Tu costruisci molti modelli aerei.

   _____

3. Abbiamo perso tutte le fotografie di famiglia.

   _____

4. Oggi non facciamo niente.

   _____

5. Oggi ricordiamo i caduti di guerra.

   _____

6. Costruisce la piscina in quattro mesi.

   _____

7. I nostri amici hanno piantato i fiori.

   _____

8. Lui ha vissuto una vita piena di gioie.

   _____

9. Hanno lasciato gli esercizi sulla scrivania.

   _____

Unit 14: Idiomatic Expressions (*Espressioni Idiomatiche*)

esercizio   **R-62**

*Translate the following sentences into Italian using the idiomatic expressions with **avere** or **fare** in the correct form and tense.*

1. We are cold.

   _____

2. You (sing.) are scared of mice.

   _____

3. He has a headache today.

_____

4. They will make a cake to bring to the party.

_____

5. We go for a walk in the woods.

_____

6. We meet at the bar every day. We drink coffee and we chat.

_____

7. She wants to impress everybody all the time.

_____

8. You (sing.) had the intention of arriving on time, but you felt like having a snack and you were late.

_____

9. He is part of a very exclusive club.

_____

esercizio   R-63

*Translate the following sentences into Italian using the idiomatic expressions with **fare**, **avere**, and **dare**, as necessary, in the correct form and tense.*

1. I have to go to get gas for my car.

_____

2. You (sing.) take many pictures when you travel.

_____

3. He has never gone on a cruise.

_____

4. Please do me a favor and give me a lift downtown.

_____

5. To be successful you (sing.) have to get busy.

_____

6. I will take a shower, and then I will feed the cat and the dog.

_____

7. My husband compliments me after every dinner.

   _____

8. He gave me a kick because I did not answer him.

   _____

9. He does not want to admit that she is right.

   _____

esercizio   **R-64**

*Translate the following sentences into Italian using the idiomatic expressions with **dare**, **andare**, and **stare** in the correct form and tense.*

1. She sighs with relief.

   _____

2. She wants to go by car instead of walking.

   _____

3. We'll go to Rome for business.

   _____

4. Women in Italy walk arm in arm.

   _____

5. When she went inside the house, she saw a bat and she screamed.

   _____

6. Isabella never gives up.

   _____

7. The bus was very crowded. We had to stand for a long time.

   _____

8. This suit fits her like a glove.

   _____

9. My friend's husband is always quiet.

   _____

Verb Tables

Regular Verbs *(Verbi Regolari)*
Indicative Mood *(Modo Indicativo)*
Simple Tenses *(Tempi Semplici)*

Present *(Presente)*

parlare	parlo	parli	parla	parliamo	parlate	parlano
vendere	vendo	vendi	vende	vendiamo	vendete	vendono
sentire	sento	senti	sente	sentiamo	sentite	sentono
finire	finisco	finisci	finisce	finiamo	finite	finiscono

Preterite *(Passato Remoto)*

parlare	parlai	parlasti	parlò	parlammo	parlaste	parlarono
vendere	vendei(-etti)	vendesti	vendè(-ette)	vendemmo	vendeste	venderono(-ettero)
sentire	sentii	sentisti	sentì	sentimmo	sentiste	sentirono
finire	finii	finisti	finì	finimmo	finiste	finirono

Imperfect *(Imperfetto)*

parlare	parlavo	parlavi	parlava	parlavamo	parlavate	parlavano
vendere	vendevo	vendevi	vendeva	vendevamo	vendevate	vendevano
sentire	sentivo	sentivi	sentiva	sentivamo	sentivate	sentivano
finire	finivo	finivi	finiva	finivamo	finivate	finivano

Future *(Futuro)*

parlare	parlerò	parlerai	parlerà	parleremo	parlerete	parleranno
vendere	venderò	venderai	venderà	venderemo	venderete	venderanno
sentire	sentirò	sentirai	sentirà	sentiremo	sentirete	sentiranno
finire	finirò	finirai	finirà	finiremo	finirete	finiranno

Affirmative and Negative Commands

parlare (tu)	parla	non **parlare**	**vendere (tu)**	vendi	non **vendere**
parlare (Lei)	parli	non parli	**vendere (Lei)**	venda	non venda
parlare (noi)	parliamo	non parliamo	**vendere (noi)**	vendiamo	non vendiamo
parlare (voi)	parlate	non parlate	**vendere (voi)**	vendete	non vendete
parlare (Loro)	parlino	non parlino	**vendere (Loro)**	vendano	non vendano
sentire (tu)	senti	non **sentire**	**finire (tu)**	finisci	non **finire**
sentire (Lei)	senta	non senta	**finire (Lei)**	finisca	non finisca
sentire (noi)	sentiamo	non sentiamo	**finire (noi)**	finiamo	non finiamo
sentire (voi)	sentite	non sentite	**finire (voi)**	finite	non finite
sentire (Loro)	sentano	non sentano	**finire (Loro)**	finiscano	non finiscano

Compound Tenses *(Tempi Composti)*

Use a form of the auxiliary **avere** plus the past participle of a verb (**parlato**, **venduto**, **sentito**, **finito**) for transitive verbs. Intransitive verbs will use the auxiliary **essere**.

Present Perfect *(Passato Prossimo)*

parlare	ho	hai	ha	abbiamo	avete	hanno	**parlato**
vendere	ho	hai	ha	abbiamo	avete	hanno	**venduto**
sentire	ho	hai	ha	abbiamo	avete	hanno	**sentito**
finire	ho	hai	ha	abbiamo	avete	hanno	**finito**

Past Perfect *(Trapassato Prossimo)*

parlare	avevo	avevi	aveva	avevamo	avevate	avevano	**parlato**
vendere	avevo	avevi	aveva	avevamo	avevate	avevano	**venduto**
sentire	avevo	avevi	aveva	avevamo	avevate	avevano	**sentito**
finire	avevo	avevi	aveva	avevamo	avevate	avevano	**finito**

Preterite Perfect *(Trapassato Remoto)*

parlare	ebbi	avesti	ebbe	avemmo	aveste	ebbero	**parlato**
vendere	ebbi	avesti	ebbe	avemmo	aveste	ebbero	**venduto**
sentire	ebbi	avesti	ebbe	avemmo	aveste	ebbero	**sentito**
finire	ebbi	avesti	ebbe	avemmo	aveste	ebbero	**finito**

Future Perfect *(Futuro Anteriore)*

parlare	avrò	avrai	avrà	avremo	avrete	avranno	**parlato**
vendere	avrò	avrai	avrà	avremo	avrete	avranno	**venduto**
sentire	avrò	avrai	avrà	avremo	avrete	avranno	**sentito**
finire	avrò	avrai	avrà	avremo	avrete	avranno	**finito**

Progressive Tense *(Gerundio)*

Present Progressive *(Gerundio Presente)*

parlare	sto	stai	sta	stiamo	state	stanno	**parlando**
vendere	sto	stai	sta	stiamo	state	stanno	**vendendo**
sentire	sto	stai	sta	stiamo	state	stanno	**sentendo**
finire	sto	stai	sta	stiamo	state	stanno	**finendo**

Past Progressive *(Gerundio Passato)*

parlare	stavo	stavi	stava	stavamo	stavate	stavano	**parlando**
vendere	stavo	stavi	stava	stavamo	stavate	stavano	**vendendo**
sentire	stavo	stavi	stava	stavamo	stavate	stavano	**sentendo**
finire	stavo	stavi	stava	stavamo	stavate	stavano	**finendo**

Conditional *(Condizionale)*

Present Conditional *(Condizionale Presente)*

parlare	parl**erei**	parl**eresti**	parl**erebbe**	parl**eremmo**	parl**ereste**	parl**erebbero**
vendere	vend**erei**	vend**eresti**	vend**erebbe**	vend**eremmo**	vend**ereste**	vend**erebbero**
sentire	sent**irei**	sent**iresti**	sent**irebbe**	sent**iremmo**	sent**ireste**	sent**irebbero**
finire	fin**irei**	fin**iresti**	fin**irebbe**	fin**iremmo**	fin**ireste**	fin**irebbero**

Past Conditional (Condizionale Passato)

parlare	avrei	avresti	avrebbe	avremmo	avreste	avrebbero	**parlato**
vendere	avrei	avresti	avrebbe	avremmo	avreste	avrebbero	**venduto**
sentire	avrei	avresti	avrebbe	avremmo	avreste	avrebbero	**sentito**
finire	avrei	avresti	avrebbe	avremmo	avreste	avrebbero	**finito**

Subjunctive Mood (Modo Congiuntivo)

Present Subjunctive (Congiuntivo Presente)

parlare	parli	parli	parli	parliamo	parliate	parlino
vendere	venda	venda	venda	vendiamo	vendiate	vendano
sentire	senta	senta	senta	sentiamo	sentiate	sentano
finire	finisca	finisca	finisca	finiamo	finiate	finiscano

Imperfect Subjunctive (Congiuntivo Imperfetto)

parlare	parlassi	parlassi	parlasse	parlassimo	parlaste	parlassero
vendere	vendessi	vendessi	vendesse	vendessimo	vendeste	vendessero
sentire	sentissi	sentissi	sentisse	sentissimo	sentiste	sentissero
finire	finissi	finissi	finisse	finissimo	finiste	finissero

Past Subjunctive (Congiuntivo Passato)

parlare	abbia	abbia	abbia	abbiamo	abbiate	abbiano	**parlato**
vendere	abbia	abbia	abbia	abbiamo	abbiate	abbiano	**venduto**
sentire	abbia	abbia	abbia	abbiamo	abbiate	abbiano	**sentito**
finire	abbia	abbia	abbia	abbiamo	abbiate	abbiano	**finito**

Past Perfect Subjunctive (Congiuntivo Trapassato)

parlare	avessi	avessi	avesse	avessimo	aveste	avessero	**parlato**
vendere	avessi	avessi	avesse	avessimo	aveste	avessero	**venduto**
sentire	avessi	avessi	avesse	avessimo	aveste	avessero	**sentito**
finire	avessi	avessi	avesse	avessimo	aveste	avessero	**finito**

Verbs *Essere* and *Avere*
Indicative Mood (Modo Indicativo)
Simple Tenses (Tempi Semplici)

Present Indicative (Presente Indicativo)

essere	sono	sei	è	siamo	siete	sono
avere	ho	hai	ha	abbiamo	avete	hanno

Preterite (Passato Remoto)

essere	fui	fosti	fu	fummo	foste	furono
avere	ebbi	avesti	ebbe	avemmo	aveste	ebbero

Imperfect (Imperfetto)

essere	ero	eri	era	eravamo	eravate	erano
avere	avevo	avevi	aveva	avevamo	avevate	avevano

Future *(Futuro)*

essere	sarò	sarai	sarà	saremo	sarete	saranno
avere	avrò	avrai	avrà	avremo	avrete	avranno

Affirmative and Negative Commands

essere (tu)	sii	non essere	**avere (tu)**	abbi	non avere
essere (Lei)	sia	non sia	**avere (Lei)**	abbia	non abbia
essere (noi)	siamo	non siamo	**avere (noi)**	abbiamo	non abbiamo
essere (voi)	siate	non siate	**avere (voi)**	abbiate	non abbiate
essere (Loro)	siano	non siano	**avere (Loro)**	abbiano	non abbiano

Compound Tenses *(Tempi Composti)*

Present Perfect *(Passato Prossimo)*

essere	sono	sei	è	**stato/a**	siamo	siete	sono	**stati/e**
avere	ho	hai	ha		abbiamo	avete	hanno	**avuto**

Past Perfect *(Trapassato Prossimo)*

essere	ero	eri	era	**stato/a**	eravamo	eravate	erano	**stati/e**
avere	avevo	avevi	aveva		avevamo	avevate	avevano	**avuto**

Preterite Perfect *(Trapassato Remoto)*

essere	fui	fosti	fu	**stato/a**	fummo	foste	furono	**stati/e**
avere	ebbi	avesti	ebbe		avemmo	aveste	ebbero	**avuto**

Future Perfect *(Futuro Anteriore)*

essere	sarò	sarai	sarà	**stato/a**	saremo	sarete	saranno	**stati/e**
avere	avrò	avrai	avrà		avremo	avrete	avranno	**avuto**

Progressive Tense *(Gerundio)*

Present Progressive *(Gerundio Presente)*

essere	essendo
avere	avendo

Past Progressive *(Gerundio Passato)*

essere	essendo **stato/a**	essendo **stati/e**
avere	avendo	**avuto**

Conditional *(Condizionale)*

Present Conditional *(Condizionale Presente)*

essere	sarei	saresti	sarebbe	saremmo	sareste	sarebbero
avere	avrei	avresti	avrebbe	avremmo	avreste	avrebbero

Past Conditional *(Condizionale Passato)*

The past participle in verbs using **essere** has to agree with the subject.

essere	sarei	saresti	sarebbe	**stato/a**	saremmo	sareste	sarebbero	**stati/e**
avere	avrei	avresti	avrebbe		avremmo	aveste	avrebbero	**avuto**

Subjunctive Mood *(Modo Congiuntivo)*

Present Subjunctive *(Congiuntivo Presente)*

essere	sia	sia	sia	siamo	siate	siano
avere	abbia	abbia	abbia	abbiamo	abbiate	abbiano

Imperfect Subjunctive *(Congiuntivo Imperfetto)*

essere	fossi	fossi	fosse	fossimo	foste	fossero
avere	avessi	avessi	avesse	avessimo	aveste	avessero

Past Subjunctive *(Congiuntivo Passato)*

essere	sia	sia	sia	**stato/a**	siamo	siate	siano	**stati/e**
avere	abbia	abbia	abbia		abbiamo	abbiate	abbiano	**avuto**

Past Perfect Subjunctive *(Congiuntivo Trapassato)*

essere	fossi	fossi	fosse	**stato/a**	fossimo	foste	fossero	**stati/e**
avere	avessi	avessi	avesse		avessimo	aveste	avessero	**avuto**

Verbs Requiring *Essere* in Compound Tenses

Present Perfect *(Passato Prossimo)*

All intransitive and reflexive verbs require **essere** in all forms of compound tenses. They agree with the gender and number of the subject.

accadere	——	——	è	——	——	sono	**accaduto/a**	**accaduti/e**
andare	sono	sei	è	siamo	siete	sono	**andato/a**	**andati/e**
apparire	sono	sei	è	siamo	siete	sono	**apparso/a**	**apparsi/e**

All of the verbs listed below follow the same pattern.

arrivare	**arrivato/a**	**arrivati/e**
diventare	**diventato/a**	**diventati/e**
entrare	**entrato/a**	**entrati/e**
morire	**morto/a**	**morti/e**
nascere	**nato/a**	**nati/e**
partire	**partito/a**	**partiti/e**
restare	**restato/a**	**restati/e**
rimanere	**rimasto/a**	**rimasti/e**
ritornare	**ritornato/a**	**ritornati/e**
scendere	**sceso/a**	**scesi/e**
stare	**stato/a**	**stati/e**
tornare	**tornato/a**	**tornati/e**
uscire	**uscito/a**	**usciti/e**
venire	**venuto/a**	**venuti/e**
vivere	**vissuto/a**	**vissuti/e**

Irregular Verbs *(Verbi Irregolari)*
Indicative Mood *(Modo Indicativo)*
Simple Tenses *(Tempi Semplici)*

Present Indicative *(Presente Indicativo)*

accogliere	**accolgo**	accogli	accoglie	accogliamo	accogliete	**accolgono**
aggiungere	**aggiungo**	aggiungi	aggiunge	aggiungiamo	aggiungete	**aggiungono**
allungare	allungo	**allunghi**	allunga	**allunghiamo**	allungate	allungano
andare	**vado**	**vai**	**va**	andiamo	andate	**vanno**
appartenere	**appartengo**	**appartieni**	**appartiene**	**apparteniamo**	appartenete	**appartengono**
assaggiare	assaggio	assaggi	assaggia	assaggiamo	assaggiate	assaggiano
avere	**ho**	**hai**	**ha**	**abbiamo**	**avete**	**hanno**
avvenire	**avvengo**	avvieni	avviene	avveniamo	avvenite	**avvengono**
bere	**bevo**	**bevi**	**beve**	**beviamo**	**bevete**	**bevono**
cogliere	**colgo**	cogli	coglie	cogliamo	cogliete	**colgono**
condurre	**conduco**	**conduci**	**conduce**	**conduciamo**	**conducete**	**conducono**
divenire	**divengo**	divieni	diviene	diveniamo	divenite	**divengono**
fare	**faccio**	**fai**	**fa**	**facciamo**	**fate**	**fanno**
giacere	**giaccio**	giaci	giace	**giac(c)iamo**	giacete	**giacciono**
giocare	gioco	**giochi**	gioca	**giochiamo**	giocate	giocano
impaccare	impacco	**impacchi**	impacca	**impacchiamo**	impaccate	impaccano
indagare	indago	**indaghi**	indaga	**indaghiamo**	indagate	indagano
morire	**muoio**	**muori**	**muore**	moriamo	morite	**muoiono**
ottenere	**ottengo**	ottieni	ottiene	otteniamo	ottenete	**ottengono**
pagare	pago	**paghi**	paga	**paghiamo**	pagate	pagano
piacere	**piaccio**	piaci	piace	**pia(c)ciamo**	piacete	**piacciono**
porre	**pongo**	**poni**	**pone**	poniamo	**ponete**	**pongono**
possedere	**possiedo**	**possiedi**	**possiede**	possediamo	possedete	**possiedono**
potere	**posso**	**puoi**	**può**	**possiamo**	**potete**	**possono**
rimanere	**rimango**	rimani	rimane	rimaniamo	rimanete	**rimangono**
salire	**salgo**	sali	sale	saliamo	salite	**salgono**
sapere	**so**	**sai**	**sa**	**sappiamo**	**sapete**	sanno
spegnere	**spengo**	spegni	spegne	spegnamo	spegnete	**spengono**
stare	**sto**	stai	sta	**stiamo**	state	**stanno**
tenere	**tengo**	**tieni**	**tiene**	teniamo	tenete	**tengono**
toccare	tocco	**tocchi**	tocca	**tocchiamo**	toccate	toccano
trarre	**traggo**	**trai**	**trae**	**traiamo**	**traete**	**traggono**
uscire	**esco**	**esci**	**esce**	usciamo	uscite	**escono**

Imperfect *(Imperfetto)*

bere	bevevo	bevevi	beveva	bevevamo	bevevate	bevevano
dire	dicevo	dicevi	diceva	dicevamo	dicevate	dicevano
essere	ero	eri	era	eravamo	eravate	erano
fare	facevo	facevi	faceva	facevamo	facevate	facevano
porre	ponevo	ponevi	poneva	ponevamo	ponevate	ponevano

Preterite (*Passato Remoto*)

accendere	accesi	accendesti	accese	accendemmo	accendeste	accesero
avere	ebbi	avesti	ebbe	avemmo	aveste	ebbero
bere	bevvi(-etti)	bevesti	bevve(-ette)	bevemmo	beveste	bevvero(-ettero)
cadere	caddi	cadesti	cadde	cademmo	cadeste	caddero
chiedere	chiesi	chiedesti	chiese	chiedemmo	chiedeste	chiesero
conoscere	conobbi	conoscesti	conobbe	conoscemmo	conosceste	conobbero
dare	diedi	desti	diede	demmo	deste	diedero
decidere	decisi	decidesti	decise	decidemmo	decideste	decisero
dire	dissi	dicesti	disse	dicemmo	diceste	dissero
dovere	dovetti	dovesti	dovette	dovemmo	doveste	dovettero
essere	fui	fosti	fu	fummo	foste	furono
fare	feci	facesti	fece	facemmo	faceste	fecero
leggere	lessi	leggesti	lesse	leggemmo	leggeste	lessero
mettere	misi	mettesti	mise	mettemmo	metteste	misero
nascere	nacqui	nascesti	nacque	nascemmo	nasceste	nacquero
porre	posi	ponesti	pose	ponemmo	poneste	posero
prendere	presi	prendesti	prese	prendemmo	prendeste	presero
ridere	risi	ridesti	rise	ridemmo	rideste	risero
rimanere	rimasi	rimanesti	rimase	rimanemmo	rimaneste	rimasero
sapere	seppi	sapesti	seppe	sapemmo	sapeste	seppero
scegliere	scelsi	scegliesti	scelse	scegliemmo	sceglieste	scelsero
scendere	scesi	scendesti	scese	scendemmo	scendeste	scesero
scrivere	scrissi	scrivesti	scrisse	scrivemmo	scriveste	scrissero
spegnere	spensi	spegnesti	spense	spegnemmo	spegneste	spensero
stare	stetti	stesti	stette	stemmo	steste	stettero
tenere	tenni	tenesti	tenne	tenemmo	teneste	tennero
vedere	vidi	vedesti	vide	vedemmo	vedeste	videro
venire	venni	venisti	venne	venimmo	veniste	vennero
vincere	vinsi	vincesti	vinse	vincemmo	vinceste	vinsero
vivere	vissi	vivesti	visse	vivemmo	viveste	vissero
volere	volli	volesti	volle	volemmo	voleste	vollero

Future (*Futuro*)

andare	andrò	andrai	andrà	andremo	andrete	andranno
avere	avrò	avrai	avrà	avremo	avrete	avranno
bere	berrò	berrai	berrà	berremo	berrete	berranno
cadere	cadrò	cadrai	cadrà	cadremo	cadrete	cadranno
dare	darò	darai	darà	daremo	darete	daranno
essere	sarò	sarai	sarà	saremo	sarete	saranno
fare	farò	farai	farà	faremo	farete	faranno
porre	porrò	porrai	porrà	porremo	porrete	porranno
rimanere	rimarrò	rimarrai	rimarrà	rimarremo	rimarrete	rimarranno
sapere	saprò	saprai	saprà	sapremo	saprete	sapranno
tenere	terrò	terrai	terrà	terremo	terrete	terranno
vedere	vedrò	vedrai	vedrà	vedremo	vedrete	vedranno
venire	verrò	verrai	verrà	verremo	verrete	verranno

Conditional (*Condizionale*)

Present Conditional (*Condizionale Presente*)

andare	andrei	andresti	andrebbe	andremmo	andreste	andrebbero
bere	berrei	berresti	berrebbe	berremmo	berreste	berrebbero
cadere	cadrei	cadresti	cadrebbe	cadremmo	cadreste	cadrebbero
dare	darei	daresti	darebbe	daremmo	dareste	darebbero
dovere	dovrei	dovresti	dovrebbe	dovremmo	dovreste	dovrebbero
essere	sarei	saresti	sarebbe	saremmo	sareste	sarebbero
fare	farei	faresti	farebbe	faremmo	fareste	farebbero
potere	potrei	potresti	potrebbe	potremmo	potreste	potrebbero
sapere	saprei	sapresti	saprebbe	sapremmo	sapreste	saprebbero
valere	varrei	varresti	varrebbe	varremmo	varreste	varrebbero
vedere	vedrei	vedresti	vedrebbe	vedremmo	vedreste	vedrebbero
venire	verrei	verresti	verrebbe	verremmo	verreste	verrebbero
volere	vorrei	vorresti	vorrebbe	vorremmo	vorreste	vorrebbero

Subjunctive Mood (*Modo Congiuntivo*)

Present Subjunctive (*Congiuntivo Presente*)

andare	vada	vada	vada	andiamo	andiate	vadano
avere	abbia	abbia	abbia	abbiamo	abbiate	abbiano
bere	beva	beva	beva	beviamo	beviate	bevano
dare	dia	dia	dia	diamo	diate	diano
dire	dica	dica	dica	diciamo	diciate	dicano
dovere	debba	debba	debba	dobbiamo	dobbiate	debbano
essere	sia	sia	sia	siamo	siate	siano
fare	faccia	faccia	faccia	facciamo	facciate	facciano
potere	possa	possa	possa	possiamo	possiate	possano
rimanere	rimanga	rimanga	rimanga	rimaniamo	rimaniate	rimangano
sapere	sappia	sappia	sappia	sappiamo	sappiate	sappiano
stare	stia	stia	stia	stiamo	stiate	stiano
uscire	esca	esca	esca	usciamo	usciate	escano
venire	venga	venga	venga	veniamo	veniate	vengano
volere	voglia	voglia	voglia	vogliamo	vogliate	vogliano

Imperfect Subjunctive (*Congiuntivo Imperfetto*)

dare	dessi	dessi	desse	dessimo	deste	dessero
dire	dicessi	dicessi	dicesse	dicessimo	diceste	dicessero
essere	fossi	fossi	fosse	fossimo	foste	fossero
fare	facessi	facessi	facesse	facessimo	faceste	facessero
stare	stessi	stessi	stesse	stessimo	steste	stessero

Glossary of Verbs

Italian-English

A

abitare to live

accendere to turn on

accettare to accept

accogliere to welcome

acconsentire to accept

aggiungere to add

aiutare to help

allungare to lengthen

alzarsi to get up

amare to love

ammirare to admire

andare to go

appartenere to belong

appendere to hang

applaudire to applaud

apprendere to learn

aprire to open

arrestare to arrest

arrivare to arrive

ascoltare to listen

aspettare to wait

assaggiare to taste

assentire to consent

assistere to assist

assumere to assume, hire

attaccare to attach

attendere to attend

avere to have

avvenire to happen

avvertire to announce

B

bagnarsi to get wet

ballare to dance

battere to knock

bere to drink

bollire to boil

C

cadere to fall

cantare to sing

capire to understand

chiamare to call

chiedere to ask

chiudere to close

cogliere to gather

cominciare to start

comprare to buy

concludere to conclude

condurre to lead

confermare to confirm

conoscere to know

coprire to cover

costruire to build

credere to believe

D

decidere to decide

desiderare to wish

dimagrire to lose weight

dimenticare to forget

discutere to discuss

divenire to become

dividere to divide

domandare to ask

E

entrare to enter

F

fare to make, to do

fermare to stop

finire to finish

friggere to fry

G

giacere to lie down

giocare to play

guardare to look

guidare to drive

I

impaccare to pack

impedire to prevent

incontrare to meet

indagare to investigate

ingrandire to enlarge

invecchiare to age

L

lavare to wash

lavorare to work

leggere to read

M

marciare to march

mettere to put

morire to die

muovere to move

N

nascere to be born

noleggiare to rent

O

offrire to offer

ordinare to order

ottenere to obtain

P

pagare to pay

parcheggiare to park

parlare to speak

passare to spend, to pass

passeggiare to stroll

perdere to lose

permettere to allow

piacere to like

piangere to cry

piovere to rain

porre to put

portare to bring

possedere to own, possess

potere to be able

pranzare to have lunch

preferire to prefer

prenotare to reserve

preparare to get ready, to prepare

proibire to prohibit

promettere to promise

pulire to clean

R

raccogliere to gather

regalare to give a present

rendere to give back

ricevere to receive

ricordare to remember

ridere to laugh

rimanere to stay

rimuovere to remove

ringhiare to growl

ripetere to repeat

rischiare to risk

ritornare to return

rompere to break

S

salire to go up

salutare to greet

sapere to know

sbarcare to disembark

scegliere to choose

scendere to come down, to descend

sciare to ski

sciogliere to melt

scoprire to discover

scrivere to write

seguire to follow

sentire to hear

servire to serve

sognare to dream

sostenere to sustain

spedire to send

spegnere to turn off

spendere to spend

sposarsi to get married

studiare to study

T

tacere to be quiet

telefonare to telephone

tenere to keep

toccare to touch

togliere to remove

trarre to pull

trascorrere to spend

trovare to find

tuonare to thunder

U

ubbidire to obey

uscire to go out

V

valere to be worth

vedere to see

vendere to sell

vestire to dress

viaggiare to travel

vietare to prohibit

visitare to visit

vivere to live

English-Italian

A

accept accettare

add aggiungere

admire ammirare

age invecchiare

allow permettere

announce avvertire

applaud applaudire

arrest arrestare

arrive arrivare

ask chiedere, domandare

assist assistere

assume assumere

attach attaccare

attend attendere

B

be able potere

be born nascere

be quiet tacere

be worth valere

become divenire

believe credere

belong appartenere

boil bollire

break rompere

bring portare

build costruire

buy comprare

C

call chiamare

choose scegliere

clean pulire

close chiudere

conclude concludere

confirm confermare

consent acconsentire, consentire

cover coprire

cry piangere

D

dance ballare

decide decidere

descend scendere

die morire

discover scoprire

discuss discutere

disembark sbarcare

divide dividere

do fare

dream sognare

dress vestire

drink bere

drive guidare

E

enlarge ingrandire

enter entrare

F

fall cadere

find trovare

finish finire

follow seguire

forget dimenticare

fry friggere

G

gather raccogliere

get married sposarsi

get ready preparare

get up alzarsi

get wet bagnarsi

give a present regalare

give back rendere

go andare

go out uscire

go up salire

greet salutare

growl ringhiare

H

hang appendere

happen avvenire

have avere

have lunch pranzare

hear sentire

help aiutare

hire assumere

I

investigate indagare

K

keep tenere

knock battere

know conoscere, sapere

L

laugh ridere

lead condurre

learn imparare, apprendere

lengthen allungare

lie down giacere

like piacere

listen to ascoltare

live abitare, vivere

look guardare

lose perdere

lose weight dimagrire

love amare

M

make fare

march marciare

meet incontrare

melt sciogliere

move muovere

O

obey ubbidire

obtain ottenere

offer offrire

open aprire

order ordinare

own possedere

P

pack impaccare

park parcheggiare

pay pagare

play giocare

prefer preferire

prepare preparare

prevent impedire, prevenire

prohibit proibire, vietare

promise promettere

pull trarre

put mettere, porre

R

rain piovere

read leggere

receive ricevere

remember ricordare

remove rimuovere, togliere

rent noleggiare

repeat ripetere

reserve prenotare

return ritornare

risk rischiare

S

see vedere

sell vendere

send spedire

serve servire

sing cantare

ski sciare

speak parlare

spend passare, trascorrere

start cominciare

stay rimanere

stop fermare

stroll passeggiare

study studiare

sustain sostenere

T

taste assaggiare

telephone telefonare

thunder tuonare

touch toccare

travel viaggiare

turn off spegnere

turn on accendere

U

understand capire

V

visit visitare

W

wait aspettare

wash lavare

welcome accogliere

wish desiderare

work lavorare

write scrivere

Answer Key

Unit 1 The Present Tense (*Presente Indicativo*)

1-1

1. Arrivo.
2. Tu arrivi.
3. Lui arriva.
4. Arriviamo.
5. Arrivano.
6. Canto.
7. Canto la canzone.
8. Voi cantate.
9. Cantano bene.
10. Compro.
11. Lei compra.
12. Cammini.
13. Lavoriamo.
14. Lavorano.
15. Ballo.
16. Ascolto.
17. Ascolto la radio.
18. Entro.
19. Entri.
20. Lui entra.
21. Porto.
22. Lei lavora.
23. Entriamo.
24. Entrano.
25. Guardo.
26. Guardo le nuvole.
27. Lei ascolta.
28. Compriamo.
29. Comprano.
30. Compro il giornale.
31. Lui paga.
32. Studio.
33. Preparo.
34. Ricordo
35. Ricordi.
36. Guardano.
37. Giochiamo.
38. Suono il campanello.
39. Incontriamo Maria.
40. Incontri.

1-2

1. parlo
2. ordini
3. abita
4. desideriamo
5. cantate
6. arrivano
7. canto
8. speri
9. entra

1-3

1. Capisci l'italiano?
2. Abiti qui?
3. Abita lontano lei?
4. Lavora molto lui?
5. Parlate l'inglese?
6. Vi piace viaggiare?
7. Viaggiano in treno?
8. Mangiano a casa?
9. Compriamo una casa?

1-4

1. Dove vai a lavorare?
2. Dove vai a scuola?
3. Chi ti chiama?
4. Quando va a casa (lei)?
5. Quando ritorna (lui)?
6. Come stai?
7. Perchè mangiamo così tanto?
8. Che cosa fai?
9. Quale compri?
10. Quali compri?
11. Quanta pasta mangia (lei)?
12. Quante macchine compra (lei)?

1-5

A.

1. Non vado in piscina.
2. Non nuoti bene.
3. Lei non viaggia in macchina.
4. Non ordiniamo un computer nuovo.
5. Tu e Maria non parlate bene il francese.
6. Non arrivano in ritardo.
7. Non parlo al telefono alla sera.
8. Non arrivate tardi a scuola.
9. Lui non aspetta il treno.

B.

1. No, non andiamo al cinema questa sera.
2. No, non desidero un gelato.
3. No, non abitiamo in Italia.
4. No, non giochiamo al tennis domani.
5. No, non vanno a scuola.
6. No, non vado al cinema questa sera.
7. No, non va dai suoi amici.
8. No, la mamma non compra il pane.
9. No, non ascoltiamo le nuove canzoni.

1-6

1. parcheggio
2. assaggi
3. marcia
4. paga
5. cominciamo
6. viaggiate
7. toccano
8. cercano
9. noleggiamo
10. sbarcano
11. cerco
12. allunga
13. indaghi
14. viaggiate
15. tronca
16. rischiamo
17. marciano
18. cominci
19. mangiamo
20. invecchiano
21. impacchiamo

1-7

1. Chiudo.	10. Ricevo.	19. Ricevono.	27. Legge.
2. Corri.	11. Ricevi.	20. Vediamo.	28. Chiediamo.
3. Crede.	12. Rispondi.	21. Vedono.	29. Corrono.
4. Legge.	13. Rispondiamo.	22. Vendo.	30. Chiedono.
5. Leggiamo.	14. Scrivo.	23. Vende.	31. Chiedo.
6. Metto.	15. Scrivi.	24. Vendete.	32. So.
7. Chiudi.	16. Scrive.	25. Vendono.	33. Sanno.
8. Leggono.	17. Mette.	26. Leggo.	34. Chiede.
9. Mettiamo.	18. Scrivono.		

1-8

1. Leggiamo molto.
2. Correte sempre.
3. Credono in voi.
4. Ricevono molti regali.
5. Riceviamo una lettera.
6. Vendete le macchine nuove.
7. Loro rispondono al telefono quando sono in casa.
8. Vendiamo i pomodori al mercato.
9. Non crediamo alla fortuna.
10. Non ricevono molte lettere.

1-9

1. taciono	4. piacciono
2. giacciono	5. piaccio
3. piace	6. taci

1-10

1. conosco	7. bevono	13. sappiamo	18. non puoi
2. riconosci	8. devo	14. scegliete	19. non beve
3. muove	9. piace	15. raccolgo	20. non rimaniamo
4. rimane	10. componi	16. valgono	21. non raccogliete
5. teniamo	11. possiede	17. vogliamo	22. non scelgono
6. mantenete	12. può		

1-11

1. Dormo.
2. Dormi.
3. Apre.
4. Apriamo.
5. Copre la macchina.
6. Copriamo la piscina.
7. Coprono i fiori.
8. Offro loro una tazza di tè.
9. Offrite del vino.
10. Tu non offri del vino.
11. Parto per Roma.
12. Partiamo domani.
13. Partono adesso.
14. Io seguo.
15. Seguiamo la guida.
16. Dormono sempre.
17. Apro la porta.
18. Tu non apri la finestra.
19. Apre il libro.
20. Maria non dorme fino a tardi.

1-12

1. aprono/The boys open the door.
2. costruisce/Carlo builds his home.
3. pulisce/My sister cleans her room.
4. preferiscono/The boys prefer sports.
5. capiamo/We don't understand the lesson.
6. spedisci/You are mailing the package tomorrow.
7. ingrandisce/She enlarges the picture.

1-13

A.

1. arrivano	4. legge	7. partono
2. suoni	5. vendete	8. non capisci
3. parla	6. risponde	9. finite

B.

1. We speak with a low voice.
2. Who lives in this house?
3. The boy is selling tickets.
4. I don't understand the lesson.
5. You close the door.
6. I always clean.
7. They build the house.
8. The children prefer milk.

C.

1. Senti	4. vivono	7. costa
2. finisci	5. crede	8. fanno
3. canta	6. beve	9. chiude

D.

1. Sì, studio l'italiano.
2. Io preferisco l'estate.
3. Io ho tante amiche.
4. Lei ha tanti vestiti.

5. Questa sera vado al cinema.
6. Finisco di lavorare alle 7,00.
7. Io parto domani mattina.
8. Sì, io capisco bene l'italiano.

1-14

sono	fa	dormire	andiamo
sto	ritorno	incontro	dormiamo
Sono	pranzo	andiamo	saluto
vado	vado	è	

Dear Mom and Dad,

How are you? I am here at the seaside and I am very well. I am in a very nice and not so expensive hotel. Every morning after breakfast, I go to the beach. Around noon, when it gets too warm by the beach, I go back to the hotel, I eat lunch, then I go to sleep for a couple of hours. Sometimes I meet some friends and all together we go to take long walks. Rimini is very beautiful. The people are very friendly and very happy. In the evening we go dancing all together in the discotheque until two or three at night, and in the morning we sleep very late.

I greet you with lots of affection and we'll see each other again soon.

Your daughter

1-15

1. sta preparando	5. sta facendo	9. sta piovendo	13. stiamo finendo
2. sta leggendo	6. sta andando	10. sto mangiando	14. sta camminando
3. sta facendo	7. stanno arrivando	11. stai salendo	15. state ascoltando
4. sta vendendo	8. sta partendo	12. sta bevendo	

1-16

A.

1. sto andando	4. stiamo portando	7. sto mangiando
2. state cucinando	5. state finendo	8. sta parlando
3. sta arrivando	6. stanno facendo	9. stanno ritornando

B.

1. sto partendo per Firenze
2. stai dormendo in albergo
3. sta scrivendo la lettera
4. sta finendo di mangiare
5. stiamo scrivendo un libro

6. state parlando al telefono
7. stanno ascoltando la musica
8. non sto mangiando la carne
9. non stai arrivando con il treno

1-17

1. siamo/We are at Maria's.
2. sono/They are happy because they can travel.
3. sono/I am anxious because I don't understand well.
4. sono/There are many people in the house.

5. sei/Where are you?
6. sono/The pears are green.
7. è/The cat is sick.
8. è/The woman is tall.
9. sei/You are very beautiful.

1-18

1. Sono a scuola io? Io non sono a scuola.
2. Sei al cinema? Tu non sei al cinema.
3. È con i suoi amici lui? Lui non è con i suoi amici.

4. È molto bella lei? Lei non è molto bella.
5. Siamo ricchi noi? Noi non siamo ricchi.
6. Siete a casa voi? Voi non siete a casa.
7. Sono ammalati loro? Loro non sono ammalati.

1-19

1. Quanti anni hai?
2. Io ho vent'anni.
3. Tu hai dodici anni.
4. Quanti anni ha lei?
5. Lidia ha trent'anni.
6. Il mio gatto ha sette anni.
7. Suo fratello ha quindici anni.
8. Quanti anni hanno i ragazzi?
9. Hanno nove anni.

1-20

1. Ho fame.
2. Tu hai fame.
3. Lui ha sonno.
4. Lei ha paura.
5. Abbiamo freddo.
6. Tu hai fretta.
7. Loro hanno fortuna.
8. Ho molta fame.
9. Tu hai molta sete.
10. Lui ha molto sonno.
11. Lei non ha paura.
12. Non abbiamo freddo.
13. Hai fretta?
14. Non hanno fortuna.

1-21

1. siamo
2. ho
3. avete
4. sono
5. hanno
6. sono
7. hai
8. sono
9. ha
10. hanno
11. è
12. ha
13. siamo
14. avete
15. è
16. abbiamo
17. avete
18. sei
19. è
20. ha

1-22

Mi chiamo Carlo. Ogni giorno dopo la scuola, i miei amici vengono a casa mia per giocare. Di solito abbiamo molta fame e molta sete. Io ho un cane grande e i miei amici hanno paura di lui. Mia mamma ci dà qualche cosa da mangiare e da bere. Abbiamo fretta perché vogliamo andare fuori a giocare. Corriamo e giochiamo al pallone e poco dopo abbiamo ancora sete. Andiamo in casa quando siamo stanchi e abbiamo freddo.

1-23

1. ho molta fame
2. ho fretta
3. ho sempre paura
4. ho freddo
5. ho fortuna
6. hanno ragione

1-24

1. Ci sono
2. C'è
3. c'è, c'è
4. C'è, c'è
5. ci sono, Ci sono
6. C'è, ci sono
7. C'è, c'è
8. Ci sono
9. ci sono

1-25

1. Com'è
2. Com'è
3. Com'è
4. Com'è
5. Come sono
6. Com'è
7. Com'è
8. Come sono
9. Com'è

1-26

1. Da quanto tempo abiti in questa casa?
2. Da quanto tempo guida la macchina?
3. Da quanto tempo vive in questa città?
4. Da quanto tempo frequentano questa scuola?
5. Da quanto tempo studiate l'italiano?
6. Da quanto tempo aspetti l'autobus?
7. Da quanto tempo voi andate al teatro?

1-27

1. Pattino da quattro mesi./Sono quattro mesi che pattino.
2. Studiamo l'italiano da sei anni./Sono sei anni che studiamo l'italiano.
3. I bambini nuotano in piscina da un'ora./È un'ora che i bambini nuotano in piscina.
4. Lei prende il sole da mezza giornata./È mezza giornata che lei prende il sole.
5. Viaggio in aereo da dodici ore./Sono dodici ore che viaggio in aereo.
6. Non vedo mio fratello da un anno./È un anno che non vedo mio fratello.
7. Non parlo con mia sorella da tre giorni./Sono tre giorni che non parlo con mia sorella.
8. Non vado al mare da due anni./Sono due anni che non vado al mare.
9. Nevica da tre giorni./Sono tre giorni che nevica.

1-28

1. fai	4. fa	7. fate
2. faccio	5. fanno	8. fanno
3. fai	6. fa	9. facciamo

1-29

1. Faccio	4. fa	7. fanno
2. Fa	5. facciamo	8. fare
3. fa	6. fate	9. fare

1-30

1. sai	4. sa	7. sapete
2. so	5. sa	8. sanno
3. sai	6. sappiamo	

1-31

1. So che ti piace dormire dopo il pranzo.
2. Sai che sono stanco.
3. Lui non sa che io parto domani.
4. Sai dove andare a mangiare in città.
5. Sappiamo che il treno non è partito in orario.
6. Non sapete che ho due fratelli.
7. Sanno che hai paura del buio.
8. Sai che lei si sposa?

1-32

1. So leggere rapidamente.
2. Tu non sai parlare lo spagnolo.
3. Lei sa cucinare molto bene.
4. Lui sa aprire la porta.
5. Sappiamo andare in centro.
6. Voi sapete usare il computer.
7. Sanno nuotare.
8. Non sanno giocare al golf.

1-33

1. Conosco Maria.
2. Conosco un buon allenatore di tennis.
3. Mio fratello conosce molte persone.
4. Lei conosce mia sorella.
5. Noi non conosciamo il tuo amico.
6. Voi conoscete Mary e Albert.
7. Lo conosci molto bene.
8. Li conosci bene?
9. Io conosco New York.
10. Non conosco Chicago.
11. Conosci bene l'Africa.
12. Lei conosce l'Africa?
13. Conosciamo la nostra città.
14. Voi conoscete bene questo ristorante.
15. Conoscono la sua storia.
16. Non conoscono la sua storia.

1-34

A.
1. Lo chef conosce la cucina italiana.
2. Il podiatra conosce bene i piedi.
3. L'insegnante conosce bene il curriculo.
4. Il pilota conosce l'aereo.
5. Il sarto conosce il suo mestiere.
6. Il dottore conosce il corpo umano.
7. L'architetto conosce la città di Vicenza.
8. L'allenatore conosce i giocatori.

B.

1. sa	5. so	9. conosce	13. conosco
2. sanno	6. sa	10. conoscono	14. conosce
3. sai	7. sai	11. conosci	15. conosci
4. sapete	8. sa	12. conoscete	16. conosce

1-35

1. suona	4. gioca	7. giocano
2. gioco, suono	5. suona	8. giochiamo
3. giocare, suonare	6. suona	9. giocano

1-36

1. Voglio andare al cinema.
2. Devi fare la prenotazione.
3. Vuole studiare arte.
4. Mia cugina vuole vedere Venezia.
5. Possiamo stare a casa questa sera.
6. Volete bere una tazza di tè.
7. Devono camminare in centro.
8. Voglio pulire la casa.
9. Possiamo aspettare l'autobus.
10. Non voglio scrivere una lettera.
11. Non deve studiare.
12. Non possiamo andare in treno.

1-37

1. Puoi venire a casa mia?
2. Può finire il suo lavoro?
3. Lei può andare con me?
4. Vuoi camminare?
5. Volete ascoltare la radio?
6. Vogliono andare a letto?
7. Deve studiare lui?
8. Deve comprare un vestito nuovo lei?
9. Dobbiamo comprare una macchina?
10. Dovete andare?
11. Devono studiare?
12. Dobbiamo scrivere una lettera?
13. Devono cantare Maria e Pietro?

1-38

1. partire
2. lasci
3. parte
4. lascia
5. esce
6. lasci
7. escono
8. lascio
9. parte
10. esce
11. lasciare
12. andare via
13. uscire
14. esci

1-39

A.

1. so
2. sai
3. parti
4. possiamo
5. faccio
6. vanno
7. parti
8. dovete
9. conosco
10. fa
11. vivi
12. vedo
13. è
14. sono
15. sa
16. fa
17. conosci
18. vai
19. parte
20. lasci

B.

è	è	usa	devono
È	è	Visitano	visitano
ha	sa	agevola	sono
Vive	è	viaggiano	

The pope is a very important person. He is the spiritual leader for the Catholic Church in the world. The pope has a position of great responsibility. He lives at the Vatican, a small independent state in Italy, in Rome. The pope is usually of Italian descent, but lately foreign cardinals have been elected to become popes. Usually the pope knows several languages besides Italian, the official language at the Vatican, and Latin, the language used for religious ceremonies. Furthermore, many heads of state, presidents, governors, kings, etc., visit Rome and the pope and knowing other languages eases the relationships. Today popes travel a lot in faraway countries to get to know better the people around the world and must speak the language of the places they visit. The popes are elected by the cardinals and they are never very young when they are chosen.

C.

Conosci Venezia?

Venezia è una bella città costruita sull'acqua. A Venezia non ci sono macchine. I vaporetti e le gondole trasportano le persone del posto e i turisti nella città attraverso i canali.

Nel centro di Venezia tu puoi ammirare la splendida Piazza San Marco, la Chiesa di San Marco, e il Palazzo del Doge. I palazzi sono molto ornati e di straordinaria bellezza.

Venezia non è solo un'attrazione per i turisti, ma è anche un centro culturale. Gente da tutto il mondo va a Venezia per vedere la Regatta storica annuale, dove oltre 300 partecipanti in bei costumi storici ci riportano ricordi dei tempi antichi.

Unit 2 The Imperative (*Imperativo*)

2-1

1. scrivi
2. Prendiamo
3. leggete
4. scrivete
5. parlate
6. non parlate
7. Guarda
8. Non guardare

2-2

1. Sii gentile con le persone anziane!
2. Non dire bugie!
3. Non dite bugie!
4. Stai zitto!
5. State zitti!
6. Dà il pane ai poveri!
7. Stai a casa, fa troppo freddo!
8. Sii paziente con gli studenti!
9. Non essere troppo paziente con gli studenti!

2-3
1. Non venire a casa!
2. Non venite a casa!
3. Non mangiare tutta la pasta!
4. Non leggere il libro!
5. Non dormire di più!
6. Non dormite di più!
7. Non guardare la televisione!
8. Non mangiamo in fretta!
9. Non vendere la tua casa!

2-4
Next Sunday is your father's birthday, and you want to have a party. Here is what I have to do to help you:
1. Manda gli inviti agli amici!
2. Va al supermercato!
3. Compra le bibite!
4. Prepara i panini!
5. Metti tutto nel frigorifero!
6. Fà la torta!
7. Metti le sedie nel giardino!
8. Ricevi gli ospiti!
9. Dopo la festa, pulisci tutto!

2-5
1. Abbi
2. Stai
3. Stai
4. essere
5. Fai
6. dare
7. Sii
8. Fai
9. dare

2-6
1. Dimentica!/Non dimenticare!
2. Spendi!/Non spendere!
3. Spendiamo!/Non spendiamo!
4. Lavora!/Non lavorare!
5. Lavorate!/Non lavorate!
6. Ricordiamo!/Non ricordiamo!
7. Leggi!/Non leggere!
8. Entra!/Non entrare!
9. Entriamo!/Non entriamo!
10. Pulisci!/Non pulire!

2-7
1. Signora, mi guardi!
2. Signor Smith, non dorma troppo!
3. Signora Smith, finisca tutta la medicina!
4. Per favore, mi canti una canzone!
5. Parli con il manager!
6. Non venda la frutta marcia!
7. Non guardi sempre dalla finestra!
8. Signor e signora Smith, mi aspettino!
9. Signor e signora Smith, aprano le finestre!

2-8
1. Mangia in quel ristorante!
2. Ritorna a casa presto!
3. Non ballare!
4. Non ballate!
5. Impacchiamo!
6. Sii paziente!
7. Siate pazienti!
8. Mangia in fretta!
9. Mangiamo in fretta!

2-9
1. Dì tutto!
2. Telefonate tardi!
3. Leggete il giornale!
4. Sii sgarbato!
5. Ritorna tardi!
6. Urla!
7. Urliamo!
8. Scrivi a mia nonna!
9. Bevete acqua ghiacciata!

2-10
1. Non parlare piano!
2. Non parli piano!
3. Non parlate piano!
4. Non parlino piano!
5. Non stare zitto!
6. Non fare il caffè!
7. Non fate il caffè!
8. Non darmi la mano!
9. Non dargli i soldi!

2-11
1. Venga qui!
2. Scriva la lezione!
3. Creda in se stesso!
4. Parli poco!
5. Si svegli presto!
6. Finisca la colazione!
7. Lavori di più!
8. Scenda dalle scale!
9. Mi dia quella mela!

2-12

1. Hai bisogno di soldi. Vai in banca!
2. Hai un mal di testa. Prendi un'aspirina!
3. Hai paura di viaggiare in aereo. Vai in treno!
4. È il compleanno di tua mamma. Comprale un regalo!
5. Tu cammini dieci minuti al giorno. Cammina di più!
6. Tu mangi troppo tardi alla sera. Mangia più presto!
7. Ti alzi troppo tardi il sabato. Alzati più presto!
8. Sei stanco. Riposati!
9. Non hai fame. Non mangiare!

2-13

Ascolta	dammi	chiama	bevi
dimenticare	metti	siediti	vai
dimenticare	Preparami	chiama	

Unit 3 Reflexive Verbs (*Verbi Riflessivi*)

3-1

1. ti alzi/si alza/vi alzate
2. si sveglia/ci svegliamo/si svegliano
3. si addormentano/mi addormento/ ti addormenti
4. si lava/si lava/si lavano
5. mi vesto/ti vesti/si vestono
6. si riposa/si riposa/ci riposiamo
7. si sveglia
8. ci divertiamo
9. si vestono

3-2

1. Mi devo svegliare presto. Devo svegliarmi presto.
2. Ci dobbiamo svegliare presto. Dobbiamo svegliarci presto.
3. Ti vuoi divertire con i tuoi amici. Vuoi divertirti con i tuoi amici.
4. Si vuole fare la doccia tutte le mattine. Vuole farsi la doccia tutte le mattine.
5. Si deve pettinare. Deve pettinarsi.
6. Mi devo vestire. Devo vestirmi.
7. I bambini si possono svegliare tardi. I bambini possono svegliarsi tardi.
8. Vi dovete lavare spesso le mani. Dovete lavarvi spesso le mani.
9. Non si possono addormentare. Non possono addormentarsi.

3-3

1. ci vediamo	4. si vogliono bene	7. vi conoscete
2. ci incontriamo	5. si aiutano	8. ci visitiamo
3. si sposano	6. vi vedete	9. si amano

3-4

1. mi	4. si	7. ci
2. ti	5. ——	8. ——
3. ——	6. ——	9. si

3-5

mi alzo	mi preparo	visitarci
mi alzo	ci mettiamo	ci divertiamo
mi vesto	si occupa	ci riuniamo

On Sundays I always get up late. I like to sleep very much. When I get up I take a shower, I get dressed, and I get ready to go out to the park with my small dog. When I go back home, my family and I sit down to eat. My mother prepares lunch and my father takes care of the wine. After lunch our relatives come to visit us. We have a lot of fun when we gather and are all together.

3-6

1. si veste	4. si divertono	7. si trucca
2. ti ricordi	5. riposati	8. si fa
3. mi lavo	6. ci incontriamo	9. mi alzo

Unit 4 The Future Tense (*Futuro Semplice*)

4-1

1. suonerà
2. guarderemo
3. studierò
4. porterai
5. comprerà
6. ascolterà
7. leggerò
8. arriverà
9. dormirete
10. pranzerete
11. finiremo
12. prenderete
13. parleranno
14. canterò

4-2

1. Domani riceverò il libro.
2. Mangeremo in un buon ristorante.
3. Risponderò alla tua lettera la prossima settimana.
4. A che ora arriverai?
5. A che ora partirai?
6. Venderai la casa.
7. Non venderai la casa.
8. Quante persone inviterai?
9. Inviterò solo i miei amici.
10. Visiterò molte città.

4-3

1. arriveranno
2. andremo
3. visiterai
4. vedremo
5. verrai
6. andrò
7. spenderete
8. verranno
9. farà

4-4

1. Le ragazze saranno al parco.
2. Quando andrai in Italia?
3. Quando andrò in Italia, vedrò il Vaticano.
4. Quando arriveranno i turisti, i ristoranti avranno da fare.
5. Se tu visiterai tua madre, sarà contenta.
6. Quando andrò a casa, mi metterò il pigiama.
7. Se verrai a casa tardi, la cena sarà fredda.
8. Quando arriveremo, saranno tutti a letto.
9. Se nevicherà, faremo un pupazzo di neve.

4-5

1. mangerò
2. noleggerai
3. viaggerà
4. comincerà
5. cercherò
6. cercheremo
7. pagherete
8. cercheranno
9. pagherò

4-6

1. Saranno in casa.
2. Saranno le 13,30.
3. No, costerà poco.
4. Rientrerò tardi.
5. Saranno al cinema.
6. Avrà vent'anni.
7. Ce ne saranno venti.
8. Farà brutto tempo.
9. Ne imparerò molte.

4-7

1. Domani andremo a visitare nostra zia.
2. Il prossimo anno i miei genitori andranno in Italia.
3. Avrai un lavoro importante.
4. Li vedrò domani.
5. Vivremo in Italia.
6. Vedremo i nostri amici fra qualche giorno.
7. Lui verrà a casa mia.
8. Lei rimarrà per una settimana.
9. Non berranno molta birra.
10. Vivrò per molti anni.
11. Terry verrà in ufficio tardi.
12. Berremo acqua minerale.
13. Vedrai molti monumenti.

4-8

1. sarò
2. sarai
3. sarà
4. saremo
5. sarete
6. saranno
7. sarò
8. sarai
9. sarai

4-9

andremo
andrò
prenoterò
costerà

starò
andrò
Vedrò

sarà
rimarrò
farò

Farò
starò
ritornerò

Unit 5 The Present Perfect Tense (*Passato Prossimo*)

5-1
1. ho parlato
2. hai cantato
3. ha provato
4. ha giocato
5. abbiamo provato
6. avete camminato
7. hanno preparato
8. ho ballato
9. hanno giocato

5-2
1. ho tradotto
2. hai composto
3. ha preso
4. ha letto
5. abbiamo riso
6. avete chiuso
7. hanno conosciuto
8. hanno vinto
9. non ho letto
10. non hai chiuso

5-3
1. Ho risposto alla tua lettera.
2. Hai bevuto un bicchiere di vino.
3. Hai cotto una buona cena.
4. Abbiamo eletto un nuovo presidente.
5. Ha letto il giornale.
6. Il cane ha nascosto la palla.
7. Ha pianto tutto il giorno.
8. Non ha risposto alla mia lettera.
9. Ha riso tutto il giorno.
10. Avete spento la televisione.
11. Abbiamo vinto la partita di pallone.

5-4
1. Maria ha cantato bene.
2. Abbiamo letto il libro.
3. Ho mangiato con i miei genitori.
4. Avete scritto una storia molto lunga.
5. Il bambino ha pianto sempre.
6. Abbiamo fatto molte cose.
7. Avete capito bene la lezione.
8. Hanno ballato tutta la sera.
9. Non hai acceso la luce.
10. Lui ha preso il raffreddore.

5-5
1. Non l'ho mai visto.
2. Li hai visti.
3. Lui l'ha vista.
4. Lui non l'ha vista.
5. Hai ricevuto la lettera? No, non l'ho ricevuta.
6. Ho salutato le mie zie. Le ho salutate.
7. Abbiamo aperto le finestre. Le abbiamo aperte.
8. Non ci hanno portato il pane. Non l'hanno portato.
9. Ho comprato molte mele. Tu ne hai comprate alcune.
10. Le abbiamo mandato un fax.

5-6
ho dormito
Ho fatto
ho ascoltato
è andato
abbiamo giocato
ha guardato
ha letto
abbiamo lavato
ha pulito
ha telefonato
ha preparato

On Saturday I slept late. I ate breakfast, then I listened to country music. My brother went to the pool, and my sister and I went to play tennis. My father watched television and read the newspaper. In the afternoon we washed our car. My mother cleaned the house, called grandmother, and prepared a special dinner for all of us.

5-7
1. Sono andato/a al cinema.
2. Sei arrivato/a tardi.
3. È entrato al ristorante.
4. È morta il mese scorso.
5. Io sono nato/a in una piccola città.
6. Siamo partiti con la nave.
7. Voi siete diventati cittadini americani.
8. Sono ritornati a casa in tempo per la cena.
9. Sono andati sull'autobus.

5-8
1. Paola è andata al mercato.
2. Tu non sei uscito/a con i tuoi amici.
3. È ritornato/a a casa sua.
4. Maria è entrata nel negozio.
5. Siete partiti per l'Africa.
6. Siamo stati dagli zii.
7. Le ragazze sono arrivate alla stazione.
8. Sono molto cresciuti/e.
9. Non sei caduto quando hai pattinato.

5-9
1. Non so che cosa è accaduto a Peter.
2. Mi è sembrato troppo tardi per chiamarti.
3. Siamo andati a sciare, ma non c'era molta neve.
4. I prezzi della frutta sono molto aumentati.
5. Ci sono volute tre ore per arrivare a casa.
6. Ieri è nevicato tutto il giorno.
7. Ci siamo molto divertiti sulla spiaggia.
8. Sono andati sull'aereo.
9. I miei parenti sono andati via alle tre.

5-10
L'estate scorsa sono andato/a in Italia con alcuni amici. Una volta in Italia, abbiamo preso il treno da una città all'altra. Ci è piaciuto viaggiare in treno. È molto comodo e non abbiamo dovuto cercare un parcheggio. Abbiamo camminato molto. Abbiamo visitato molti musei e abbiamo mangiato molti gelati italiani. I gelati italiani sono famosi in tutto il mondo. Abbiamo passato due settimane in Italia. Ci siamo molto divertiti e ci ricorderemo di questo viaggio per molto tempo!

5-11
1. Angela è andata negli Stati Uniti.
2. È partita da Milano alle otto.
3. È rimasta a New York per qualche giorno.
4. È andata a visitare le chiese e i musei di New York.
5. La sera è andata a teatro.
6. Dopo tre o quattro giorni è andata a Chicago.
7. Ha fatto delle piacevoli camminate lungo il lago.
8. Ha visitato i musei ed è andata a fare molte spese.
9. Da Chicago è andata a San Francisco.
10. San Francisco è (stata) la città che ha preferito.
11. È ritornata in Italia dopo tre settimane.
12. Le è piaciuta molto la vacanza negli Stati Uniti.

Unit 6 The Imperfect Tense (*Imperfetto*)

6-1
1. Di solito Maria cenava presto.
2. I ragazzi andavano spesso in biblioteca.
3. I bambini piangevano sempre.
4. Ogni tanto andavo al cinema.
5. Andavo in spiaggia tutti i giorni.
6. Andavate spesso a sciare.
7. Il lunedì andavo a scuola.
8. La domenica andavamo sempre in chiesa.
9. Mentre mangiavate, guardavate la televisione.

6-2
1. La bambina era brava.
2. Gli insegnanti erano pazienti.
3. Le camice erano sporche.
4. Le strade erano larghe.
5. Tu eri stanco.
6. Voi eravate alti.
7. Eri molto magro.
8. Ero molto studiosa.
9. Il cielo era nuvoloso.

6-3
1. Avevo sedici anni.
2. C'era molto vento.
3. Che tempo faceva?
4. Quanti anni aveva tuo nonno?
5. Aveva novant'anni.
6. Faceva brutto tempo.
7. Era presto.
8. Era molto tardi.
9. Nevicava molto forte.

6-4
1. sapevamo
2. vinceva
3. eravamo
4. piangeva
5. viveva
6. studiavi
7. viaggiavano
8. andava
9. funzionava

6-5
1. Sì, leggevamo dei bei libri in classe.
2. Sì, uscivo di frequente con i miei amici.
3. Andavo al mare ogni estate.
4. Preferivamo il mare.
5. Avevo molti amici.
6. Capivano bene l'italiano.
7. Visitavamo spesso i nostri parenti.
8. Mi piaceva giocare al calcio.
9. Andavamo spesso in Italia.

6-6

Cara Maria,
Sono appena ritornata da una vacanza a Roma. Faceva bel tempo e il sole splendeva ogni giorno. Mi alzavo e camminavo nel parco. La città era molto quieta al mattino. In fondo al parco c'era un bel caffé e mi fermavo a prendere un cappuccino caldo. Mi sedevo e leggevo il giornale italiano. Non mi piaceva leggerlo perché era pieno di cattive notizie. Dopodichè ritornavo in albergo, facevo la doccia, e andavo a visitare i musei e le chiese. Quando ero stanca, ritornavo in albergo, mi sedevo sotto l'ombrellone accanto alla piscina, e scrivevo cartoline. Era una vacanza molto bella e indimenticabile, ma troppo breve.

6-7

1. Ho mangiato al ristorante./Mangiavo al ristorante.
2. Ho viaggiato molto./Viaggiavo molto.
3. Sono andato dal dottore./Andavo dal dottore.
4. Sabato hai chiamato Marco./Tutti i sabati chiamavi Marco.
5. Hanno finito tardi di lavorare./Di solito finivano di lavorare tardi.
6. Ho nuotato tutta la mattina./Nuotavo tutte le mattine.
7. Ieri sera siamo andati a una festa./Andavamo a una festa tutti i fini settimana.
8. L'estate scorsa è andato allo zoo./Andava allo zoo ogni estate.
9. Siete andati nel parco./Andavate nel parco.

6-8

1. andava/l'ha fermato
2. mangiavo/ho trovato
3. eri/ho chiamato
4. faceva/sei uscito/a
5. avevi/hai cominciato
6. studiavo/hanno suonato/hanno portato
7. Avevo/ho cominciato
8. avevo/ho potuto
9. Erano/ho chiamato

6-9

1. Mangiavamo il dolce quando tu sei arrivato/a.
2. Mentre studiavo, qualcuno ha suonato il campanello.
3. Eri stanco quando sei venuto/a a casa?
4. Che tempo faceva in Italia?
5. Non pioveva quando sono uscito/a.
6. Faceva la doccia quando l'ho chiamata.
7. Giocavano a golf quando ha cominciato a piovere.
8. Mentre studiavo, tu sei andato/a al cinema.
9. Aspettavi l'autobus quando ti ha visto/a?

6-10

Era una bella giornata. Il sole splendeva, ed era una calda giornata primaverile. Carlo era felice perchè aveva un appuntamento con una bella ragazza. Voleva portarla alla partita di pallone e poi in un bel ristorante.

Sfortunatamente, la ragazza non è venuta, il tempo è cambiato, e ha cominciato a tuonare e a piovere molto forte. Si è bagnato tutto. È ritornato a casa, ha acceso la televisione, e ha guardato la partita alla televisione. La sua squadra ha perso. Questo giorno non è andato molto bene. È andato a letto di cattivo umore.

Unit 7 The Preterite (*Passato Remoto*)

7-1

1. -ai
2. -asti
3. -ò
4. -ò
5. -ò
6. -aste
7. -ammo
8. -asti
9. -aste

7-2

1. invitai
2. camminasti
3. comprò
4. preparammo
5. pagaste
6. cenarono
7. andai
8. telefonasti
9. ascoltaste

7-3

1. Tu viaggiasti molto.
2. Io mangiai con le mie sorelle.
3. Lei aspettò suo marito.
4. Lui visitò il museo.
5. Noi telefonammo a Carlo.
6. Voi compraste molti libri.
7. Loro comprarono una casa nuova.
8. Io non preparai il letto per gli ospiti.
9. Tu non lavasti la maglia.

7-4

1. sedei (sedetti)
2. ripetèsti
3. dovè (dovette)
4. vendè (vendette)
5. ricevemmo
6. credeste
7. ripeterono
8. battemmo
9. crederono (credettero)

7-5

1. Io ricevei (ricevetti) la lettera da mio figlio.
2. Tu vendesti la tua casa.
3. Lei sedè (sedette) da sola nel suo grande giardino.
4. Noi credemmo a tutti.
5. Il pappagallo ripetè quello che sentiva.
6. Voi riceveste una bella notizia.
7. Loro abbatterono (abbattettero) l'albero.
8. Giovanni e Carla venderono (vendettero) la loro casa.
9. Lo studente dovè (dovette) studiare molto.

7-6

1. lessi
2. passasti
3. andarono
4. venisti
5. venne
6. partirono
7. andai
8. vidi
9. riposai

7-7

1. caddero
2. chiesi
3. chiudesti
4. decise
5. discusse
6. prendemmo
7. leggeste
8. scrissero
9. vissi

7-8

1. conobbi
2. cadde
3. volli
4. seppe
5. rompemmo
6. doveste
7. tennero
8. conoscesti
9. volle

7-9

1. dissi
2. dicesti
3. venne
4. vennero
5. venimmo
6. veniste
7. divennero
8. dicemmo
9. venne

7-10

1. nacqui
2. nascesti
3. nacque
4. piacque
5. dispiacque
6. fecero
7. piacque
8. facesti
9. piacque

7-11

1. nacque
2. andammo
3. fu
4. piacque
5. facesti
6. foste
7. facemmo
8. ebbi
9. facemmo

7-12

1. Io risposi alla tua lettera.
2. Tua madre comprò una collana di perle.
3. Lui ruppe molti bicchieri.
4. Gli studenti seppero la poesia.
5. Tu comprasti un bel paio di scarpe.
6. I nonni vollero restare a casa.
7. Maria non venne a scuola.
8. I bambini piansero tutto il giorno.
9. Le giornate furono molto lunghe.

7-13

1. Arrivai ieri sera alle nove.
2. Visitammo il museo due giorni fa.
3. Andai in montagna a sciare.
4. Non finisti la minestra.
5. Non comprai la borsa al mercato.
6. Arrivammo tardi alla stazione.
7. Mi chiesero di andare alla partita con loro.
8. Carlo passò le sue vacanze nelle Hawaii.
9. Si divertì molto.

7-14

1. Sei arrivato molto stanco.
2. Nessuno ci ha aiutato.
3. Leonardo è stato un genio.
4. Noi non abbiamo visto niente di bello.
5. Non ricordano dove hanno messo le chiavi.

6. Ho aperto la finestra, ma faceva freddo.
7. Giovanna ha risposto subito alla sua lettera.
8. Sono andato/a a comprare due francobolli.
9. L'estate scorsa ha fatto molto caldo.

7-15

Nel 1954 la televisione arrivò in Italia. Lentamente, piano piano, venne in tutte le case. Tutti vollero comprarla. Alcuni programmi ebbero un grande successo. Alla gente piacquero i programmi di varietà e i programmi di quiz. I notiziari furono molto popolari. La televisione permise alla gente di riunirsi e incontrarsi nelle case e nei bar. Gli italiani fecero dei sacrifici per comprare un televisore proprio. L'arrivo della televisione cambiò la vita di tutti.

Unit 8 The Past Perfect (*Trapassato Prossimo*), Preterite Perfect (*Trapassato Remoto*), and Future Perfect (*Futuro Anteriore*)

8-1

1. Avevano parlato con lui.
2. Avevano mangiato.
3. Avevano già mangiato.
4. Non era ancora ritornato.
5. Erano arrivati/e tardi.

6. Non avevo ancora finito.
7. Rita aveva confermato il suo volo.
8. Avevamo viaggiato.
9. Avevano già mangiato.

8-2

1. I have seen.
2. You had seen.
3. He had gone.

4. They had read.
5. I have played.
6. I had played.

7. We have not read.
8. They had not finished.
9. Had you already eaten?

8-3

1. Io ebbi letto i libri.
2. Tu fosti partito alle tre.
3. Gli ospiti furono partiti.
4. Voi aveste cantato bene.
5. Appena fui arrivato/a, spensi la luce.

6. Noi fummo usciti presto.
7. Lei ebbe piantato molti fiori.
8. Noi avemmo creduto nel futuro.
9. Loro ebbero mangiato troppo.

8-4

1. Gli ospiti ebbero mangiato.
2. Io ebbi dormito.
3. Tu avesti parlato.
4. Quando furono arrivati/e, li salutammo.
5. Appena ebbe finito i compiti, andò fuori a giocare.
6. Dopo che avemmo scritto le cartoline, le spedimmo.
7. Dopo che avesti fatto il bagno, ti vestisti.
8. Dopo che ebbi visto i bambini, fui felice.
9. Appena tu fosti ritornato/a, molte cose andarono male.

8-5

1. Avrò finito.
2. Sarai arrivato.
3. Si sarà sposato.

4. Tutto sarà cambiato.
5. Saremo andati.
6. Avranno chiuso la porta.

7. Niente sarà cambiato.
8. Lei avrà finito.
9. Tu avrai pulito.

8-6

1. Io sarò andato/a a casa.
2. Tu avrai studiato.
3. Lui avrà parlato con il direttore.
4. Lei sarà andata in Italia.
5. Noi saremo partiti.

6. Voi avrete avuto molti bambini.
7. Loro avranno costruito la casa.
8. Noi non saremo arrivati/e tardi.
9. Gli astronauti saranno andati sulla luna.

8-7

Dopo che abbiamo visitato Roma, ritorneremo negli Stati Uniti. Se non avremo speso tutti i soldi, ci ritorneremo la prossima estate. Quando avremo visto tutte le regioni del Nord Italia, cominceremo a visitare la parte centrale del paese.

Quando siamo andati in precedenza, abbiamo visitato Venezia e dintorni. Siamo andati nella bella regione vitivinicola nei dintorni di Verona e laghi. Non mi ero mai sognata di vedere panorami così belli. Molte persone ci avevano detto che l'Italia era molto bella e avevamo desiderato di vederla, ed ora non ci stanchiamo mai di ritornarci.

Unit 9 The Present Conditional (*Condizionale Presente*)

9-1

1. canterei
2. visiteresti
3. comprerebbe
4. preparerebbe
5. parlereste
6. cenerebbero
7. ballerei
8. laveresti
9. camminerebbe

9-2

1. leggerei
2. apriresti
3. capirebbe
4. ripeterebbe
5. finiremmo
6. friggerebbero
7. vendereste
8. servirei
9. chiuderesti

9-3

1. comincerei
2. parleresti
3. non parleresti
4. mangerebbe
5. pulirebbe
6. non arriveremmo
7. non penserebbe
8. nuoteremmo
9. guarderebbero

9-4

1. mangerei
2. viaggeresti
3. giocherebbe
4. pagherebbe
5. mangeremmo
6. comincereste
7. viaggerebbero
8. mangeresti
9. cominceresti

9-5

1. I would buy a lot of bread.
2. You would see all your friends and relatives.
3. He would hear the latest news.
4. She would buy many dresses.
5. We would like to go to the movies.
6. You and Paolo would take many walks.
7. They would play ball.
8. You would not read only the newspaper.
9. They would not always cry.
10. Would you come to the theater with us?
11. Would you be happy to come home?
12. Wouldn't you be tired?
13. Wouldn't we be too many?
14. Would you do the lady a favor?
15. As far as I am concerned, it would be better to sleep.

9-6

1. Mi piacerebbe andare in montagna.
2. Sì, viaggerei da solo.
3. No, non avrei bisogno di aiuto per fare le prenotazioni.
4. Io potrei partire fra una settimana.
5. Sì, vorrei noleggiare una macchina.
6. Io preferirei un agriturismo.
7. Vorrei stare in vacanza due settimane.
8. Vorrei incontrare degli italiani.
9. Vorrei mangiare in tipici ristoranti della montagna.

9-7

1. Quest'estate io e la mia amica vorremmo studiare l'italiano in Italia.
2. Verremmo all'inizio dell'estate.
3. Vorremmo stare a Firenze per due mesi.
4. Vorremmo trovare un piccolo albergo.
5. Se fosse possibile, vorremmo abitare con una famiglia italiana.
6. Vorremmo stare con una famiglia dove nessuno parla l'inglese.
7. Quando dovremmo iscriverci?
8. Quanti studenti ci sarebbero in ogni classe?
9. Quanto costerebbe tutto compreso?
10. Dove potremmo mandare il pagamento per i corsi?
11. Quando potremmo chiamarvi/telefonarvi?
12. Avremmo bisogno di un permesso speciale per stare in Italia?
13. Quando comincerebbero i corsi?

9-8

I should study, but I don't feel like it. I am thinking about summertime and where I could go on vacation. While I am making plans for the holidays, and I am thinking where I would prefer going, I would like to have something cool to drink. There isn't a thing in the refrigerator. It would be good to make some iced tea. My parents would like to go to the mountains, I would prefer going camping. We could go to Puglia or Calabria. My father could come with his van because my mini car is too small and we cannot fit in it. My parents are very nice and it would be very pleasant going on vacation with them. When they come home from work, I will ask them. Now it would be better to study because there is still plenty of time before summer arrives.

Unit 10 The Past Conditional (*Condizionale Passato*)

10-1

1. Io avrei mangiato una mela.
2. Tu avresti parlato col dottore.
3. Lui avrebbe pensato di venire domani.
4. Lei avrebbe firmato il documento.
5. Noi avremmo risposto al telefono.
6. Voi avreste scritto una cartolina.
7. Loro sarebbero usciti/e presto.
8. Io non avrei comprato le scarpe.
9. Saresti venuto/a con noi?
10. Non avrebbe invitato molti amici.
11. Avrebbero invitato anche noi?

10-2

1. Avrei preso l'autobus.
2. Avresti ballato tutta la notte.
3. Lui avrebbe saputo.
4. Avremmo risposto.
5. Lei avrebbe capito la lezione.
6. Voi avreste aspettato.
7. Avrebbero viaggiato.
8. Non avresti dovuto rispondere.
9. Avrebbe dovuto scrivere lei?
10. Non avrebbero saputo.
11. Avrebbero dovuto sapere?

10-3

1. sarebbe andata in centro
2. sarebbero arrivati/e in ritardo
3. sarei andato/a a dormire
4. sareste andati/e a nuotare
5. avrebbe cantato
6. saremmo andati/e a ballare
7. sareste entrati/e
8. avrei riso
9. avresti riparato

10-4

avrebbe dovuto	Avrebbe dovuto
sarebbe ritornata	sarebbe stato
avrebbe aiutato	avrebbe portato

Mussolini was a very ambitious politician. According to him, Italy should have gone back to the glorious past of the ancient Roman Empire. He was convinced that under his rule, Italy would have gone back to being a great empire. He believed that an alliance with Germany would have helped him with his ambitious idea. Mussolini has done many wonderful things for Italy, like building schools, roads, and hospitals. He should have listened to who was suggesting to him that it would have been a mistake to ally himself with Germany. He was too self-confident. Many Italians followed him and they were sure that Mussolini knew what he was doing and that he would take Italy and the Italians to the glory of the past.

He came into power in 1924. In 1943, when the war was over and Italy had lost, his dictatorship fell and he was hanged along with his lover in Piazzale Loreto in Milano.

Unit 11 Compound Reflexive Verbs (*Verbi Riflessivi Composti*)

11-1

1. Carlo si è fatto la barba tutte le mattine.
2. I ragazzi si sono alzati tardi.
3. Io mi sono messa il vestito nuovo.
4. Paola si è lavata le mani.
5. Io mi sono seduto vicino alla porta.
6. Paolo si è alzato presto tutte le mattine.
7. Pietro e Anna si sono sposati.
8. Giovanna si è divertita molto.
9. Giovanna e Teresa si sono divertite.

11-2

1. I ragazzi si erano divertiti molto.
2. Carlo si era vestito molto bene.
3. Giovanna si era pettinata.
4. Pietro e Anna si erano innamorati.
5. Io non mi ero sentito molto bene.
6. Le ragazze si erano coperte perchè faceva freddo.
7. I bambini si erano divertiti al parco.
8. Il signore si era pulito le scarpe.
9. Le signore si erano pulite le scarpe.

11-3

1. Io mi sarò seduto sulla poltrona.
2. Carlo si sarà fatto la barba.
3. Il bambino si sarà addormentato.
4. Pietro e Anna si saranno sposati.
5. Noi ci saremo vestiti.
6. Voi vi sarete laureate.
7. Loro si saranno spogliati.
8. Giovanna non si sarà svegliata.
9. Carlo si sarà dimenticato.

11-4

1. Quei ragazzi si sarebbero alzati alle otto.
2. Luigi si sarebbe svegliato presto.
3. Tu ti saresti laureato in medicina.
4. Lei si sarebbe fatta la doccia.
5. Noi ci saremmo divertiti/e molto.
6. Voi vi sareste vestite di bianco.
7. Giovanna e Paola si sarebbero messe il cappotto.
8. Noi ci saremmo scusati/e.
9. Noi non ci saremmo scusati/e.

Unit 12 The Subjunctive Mood (*Modo Congiuntivo*)

12-1

1. apra
2. scriva
3. cada
4. chiami
5. senta
6. balli
7. guardiate
8. camminino
9. spenda

12-2

1. paghi
2. cominci
3. mangi
4. mangino
5. giochino
6. cerchi
7. tocchi
8. paghi
9. cominciate

12-3

1. È possibile che vengano subito.
2. Carlo vuole che voi facciate i tuoi compiti.
3. Penso che tu capisca la lezione.
4. Non voglio che tu tenga la porta aperta.
5. Lui spera che noi veniamo a casa sua.
6. Lei vuole che lei si sieda.
7. Penso che devano (debbano) andare.
8. Lui spera che noi diciamo la verità.
9. Penso che sia ora che loro vadano a casa.

12-4

1. sappia
2. dia
3. portiate
4. sappia
5. abbiate
6. abbiate
7. stiate
8. stiano
9. sia

12-5

1. Spero che lui abiti qui vicino.
2. Spero che lui scriva una cartolina.
3. Spero che lei cammini molto.
4. Spero che noi arriviamo presto.
5. Spero che voi studiate all'università.
6. Spero che Carlo impari a suonare il piano.
7. Spero che Maria non perda l'autobus.
8. Spero che Carlo e Maria non litighino.
9. Spero che tu giochi al tennis.

12-6

1. Mi dispiace che tu stia poco bene.
2. Mi dispiace che lui sia troppo impegnato.
3. Mi dispiace che lei abbia il raffreddore.
4. Mi dispiace che noi non possiamo venire da te.
5. Mi dispiace che voi siate molto stanchi.
6. Mi dispiace che loro mangino troppo.
7. Mi dispiace che tu non giochi al tennis.
8. Mi dispiace che il bambino pianga sempre.
9. Mi dispiace che voi non possiate venire a visitarci.

12-7

1. Preferisco che tu metta questo vestito.
2. Preferisco che lei studi il francese.
3. Preferisco che lui parli con il direttore.
4. Preferisco che noi andiamo al cinema.
5. Preferisco che voi dormiate e vi riposiate.
6. Preferisco che tu ti alzi presto.
7. Preferisco che voi andiate in vacanza al mare.
8. Preferisco che voi veniate da noi.
9. Preferisco che loro viaggino in macchina.

12-8

1. Io voglio che tu vada.
2. Dubitiamo che lui arrivi.
3. Speri che io vi visiti.
4. Speriamo che lui capisca.
5. Penso che tu possa.
6. Dubito che tu possa.
7. Carlo vuole che io ascolti.
8. Penso che Mario compri la frutta.
9. Dubito che voi studiate.
10. Spero di finire.
11. Speriamo di partire.
12. Dubitate di finire.

12-9

1. scriva
2. ritorni
3. partiamo
4. siate
5. stia
6. sia
7. io ti dia
8. mangiate
9. veniamo
10. parliamo
11. volete
12. piace

12-10

1. sia
2. nevichi
3. sia
4. voglia
5. parta/venga
6. faccia
7. siate
8. andiate
9. arrivino

12-11

1. svegli
2. apra
3. piaccia
4. disturbi
5. valga
6. protegga
7. faccia
8. aiuti
9. sappia

12-12

1. ha
2. faccia
3. studiano
4. studino
5. miagola
6. abbiano
7. venda
8. vende
9. vada
10. conosca
11. esista
12. sia

12-13

abbiano
ascoltino
esageri

possono
aiutino

Almost every day in Italy there is a strike. I have the impression that the Italians don't want to work anymore. With the strikes, the people hope to get raises in their salaries. It is necessary that the government and the unions listen to the workers. People are saying that they work a lot and don't make enough money. It is possible that they exaggerate, but one thing is for sure, they cannot keep on increasing the cost of merchandise without increasing the salaries. It seems that strikes might help people to obtain what they want, but, in reality, one doesn't obtain anything or enough to justify these strikes and the loss of working hours.

12-14

1. dicessero
2. andassi
3. tornaste
4. leggessero
5. fumassero
6. rimanesse
7. regalassi
8. giocassero
9. comprassero
10. comprassi
11. arrivasse
12. finisse
13. facessi
14. lavassi
15. potesse

12-15

1. Volevo che tu venissi.
2. Speravo che tu venissi.
3. Credevo che scrivesse delle lettere.
4. Lui pensava che lei pulisse.
5. Non sapevo che venisse anche lei.
6. Sarebbe necessario che partissero.
7. Mio padre voleva che noi lavorassimo tutto il giorno.
8. Desiderava dormire tutto il giorno.
9. Tu volevi che noi andassimo a casa.
10. Voleva chiederlo al dottore.
11. Tu pensavi che lui venisse.
12. Tu pensavi che lui potesse studiare.
13. Volevano che io cucinassi.
14. Speravo che stesse bene per il matrimonio.
15. Vorrei dormire tutto il giorno.

12-16

1. Sperava che voi studiaste.
2. Desideravano che li chiamassimo.
3. Proibivano che noi fumassimo in ufficio.
4. Avevo paura che tu lo vedessi.
5. Preferivo che loro venissero a casa mia.
6. Insistevo che tu finissi i compiti.
7. Pensavo che voi vi ricordaste.
8. Credevo che tu venissi.
9. Speravo che tu parlassi.
10. Speravo che tu non dicessi niente.
11. Dubitavo che comprassero la casa.
12. Pensavo che lui fosse americano.
13. Immaginavo che voi foste stanchi.
14. Non credeva che voi viaggiaste in macchina.
15. Non pensavo che voi vi ricordaste.

12-17

1. fosse
2. venissero
3. fosse
4. avesse
5. fossi
6. portassi
7. facessi
8. suonassi
9. chiamasse
10. avesse

12-18

avessi	Comprerei	fosse	fossero
fosse	fosse	avesse	sapessero
costasse	avessi		

Yesterday Giovanna went downtown with her friend Maria. They stopped in front of the shop windows and they dreamed. Giovanna said, "If I had a lot of money, I would buy a silk blouse. I think that if it were possible and didn't cost a lot, I would also buy a modern fashionable skirt. I would buy the shoes too. I would do all this if it were possible, but I can't because I am a student and I don't have many resources." Maria said, "If I had a lot of money, I would go to a travel agency and I would ask for some brochures to go to an island, away from everything and everybody. I would like to rent a villa. I would like this villa to be near the beach but have a swimming pool, too. I would like it to have many rooms so that I could invite some of my friends. I would hire people who would know how to cook well. I would go around and get to know the island. In short, I would have a lot of fun and I would rest."

12-19

1. siano arrivati/e
2. siate stati/e
3. siate alzati/e
4. abbiate bussato
5. abbia svelato
6. siate andati/e
7. abbia fatto
8. abbiamo capito
9. siate arrivati/e
10. abbia lavorato
11. abbiano rubato
12. abbia detto

12-20

1. sia venuto
2. è venuta
3. ha parlato
4. abbia parlato
5. avete nuotato
6. abbiate nuotato
7. sia partito
8. è partito
9. ha ricevuto
10. abbia ricevuto
11. hanno capito
12. abbiano capito

12-21

avesse messo	venisse
avesse dimenticato	avesse lasciato
scherzassi	avesse messo

Yesterday afternoon I had to make a photographic presentation of my last trip. I had prepared everything the night before and I thought that my husband had put in the box all the necessary cables. The cables were not there! I didn't think that he would have forgotten such an important thing. My friends thought I was joking when I told them I did not have the cables. I took the car and I went home to get what I needed. When I got there I rang the doorbell and I waited for someone to come to open the door. Nobody was at home! I hoped my husband had left the garage door open. It was locked. I hoped he had put an extra key outside. Not a chance. I was desperate! At that moment I heard a car coming. It was my son. I took what I needed and I went back to my friend's house where I could finally give my presentation!

12-22

1. avessero capito
2. fossero arrivati/e
3. fossi venuto/a
4. foste andati/e
5. avessi saputo
6. foste entrati/e
7. avesse cercato
8. avesse imparato
9. fosse arrivata
10. avessimo chiesto

12-23

1. Dubitavo che Maria fosse venuta.
2. Speravo che tu avessi trovato le chiavi.
3. Era possibile che fosse arrivato tardi.
4. Lei pensava che tu avessi preso i soldi.
5. Voi dubitavate che io avessi cercato lavoro.
6. Avevo sperato che lui avesse venduto il suo motor scooter.
7. Mi sembrava che tu lo avessi già letto.
8. Non volevo che gli operai fossero già andati via.
9. Era il libro più lungo che io avessi mai letto.

12-24

fosse stata	fossero rimasti	avessero mangiato
avessi invitati	fossero venuti	avessero sciato
avessi chiesto	avessero dormito	

If your house had been near a ski resort, you would have had many guests. Your friends would have expected you to invite them to your house and that you would ask them to stay there to sleep. They had hoped that you would invite them to go to ski on the wonderful ski runs where you go. Your house is not near a ski resort. You could not have invited your friends, but I think that your parents would not have been very happy if your friends had come, had slept, had eaten, and had skied for a week at your house.

12-25

1. Se avessimo preso il rapido, adesso saremmo già a casa.
2. Se tu fossi stato/a pronto, non avremmo perso il treno.
3. Se fosse stato onesto, non avrebbe mentito.
4. Maria sarebbe uscita, se non fosse piovuto.
5. Se avesse trovato la persona giusta, si sarebbe sposato.
6. Se avessero voluto venire, avrebbero potuto chiamarci.
7. Saresti venuto/a se ti avessero telefonato?
8. Se mi avessero aspettato, sarei stato molto felice.
9. Se avessi scritto a mia madre, l'avrei sorpresa.

12-26

1. se ti avessi chiesto un favore
2. se avessi visto un extraterrestre
3. se avessi avuto una casa grande
4. se lui avesse capito
5. se lei avesse letto
6. se noi avessimo bevuto il vino rosso
7. se voi aveste aspettato
8. se avessero mangiato
9. se non avessero capito

12-27

1. Sì, se tu mi avessi chiesto un favore te lo avrei fatto.
2. Sì, se avesse visto un cane, avrebbe avuto paura.
3. Sì, se fossimo andati a sciare, avremmo avuto tutto il necessario.
4. Sì, se avessimo avuto bisogno, avremmo telefonato.
5. Sì, se avessero parlato lentamente, li avrei capiti.
6. Sì, se tu avessi ordinato il cappuccino, lo avrei bevuto.
7. Sì, se fossimo andati al mare, ci saremmo divertiti.
8. Sì, se lui fosse caduto sul ghiaccio, si sarebbe fatto male.
9. Sì, se mi fossi sentito bene, sarei venuto a lavorare.

Unit 13 The Passive Voice (*Forma Passiva*)

13-1

1. Il conto è stato pagato ieri.
2. *La Divina Commedia* è stata scritta da Dante Alighieri.
3. I ragazzi sono stati svegliati tardi.
4. Queste scarpe sono state fatte in Italia.
5. Sono state scattate molte fotografie.
6. Questo libro è stato pubblicato in America.
7. L'America è stata scoperta nel 1492.
8. I quadri sono stati portati in cantina.

13-2

1. La nuova statua verrà ammirata nell'entrata del museo.
2. Le opere di Alessandro Manzoni vengono studiate da tutti gli studenti italiani.
3. La squadra di pallone verrà onorata per l'eccellente stagione.
4. Il tetto della scuola verrà riparato durante l'estate.
5. Il contratto verrà firmato questa sera.
6. La dichiarazione delle tasse verrà finita per la metà di aprile.
7. Il museo verrà chiuso per tre mesi per restauri.
8. Le tende vennero tolte per essere pulite.
9. La casa venne venduta tanto tempo fa.

13-3

1. Il contratto deve essere firmato.
2. Il contratto dovrà essere firmato dai tuoi genitori.
3. Il contratto venne firmato da tutti.
4. Il contratto venne firmato in tribunale.
5. Siamo sorpresi che il contratto non sia stato ancora firmato.
6. Il biglietto aereo sarà rimborsato.
7. Il biglietto aereo è già stato rimborsato.
8. Il biglietto aereo verrà rimborsato appena possibile.
9. La casa verrà costruita in sei mesi.
10. Questo museo resterà chiuso tutto l'inverno.

13-4

1. Nei ristoranti si spreca molto cibo.
2. Molto spesso si vedono dei cartelli che dicono: "È stato perso un cane".
3. Va ricordato che non si può pescare senza permesso.
4. Va ricordato che è proibito fumare nei gabinetti degli aerei.
5. Tutti i rifiuti della riparazione del tetto dovranno essere raccolti e messi nei contenitori.
6. Tutti i miei documenti sono stati rubati.
7. Tutti quei pettegolezzi dovranno essere ascoltati con discrezione.
8. Molto spazio è sprecato nella sua casa!
9. Tutte queste idee dovranno essere prese in considerazione.

13-5

1. Polenta is eaten today.
2. Where does one find tomatoes?
3. The problems have multiplied.
4. The work should be finished.
5. School has to be reformed.
6. When do we go on the excursion?
7. Credit cards are not accepted.
8. English is spoken here.
9. That tree has to be cut down.

13-6

Next Sunday more than 36,000 people in Milan will have to leave their houses for an entire day. The main station will be closed and the trains will not arrive or depart. The railway tracks into the city will be blocked, with serious repercussions on the national and international train traffic. All this to allow the specialists to neutralize and remove a bomb fallen from a plane in World War II, still unexploded under the city streets. The bomb was found when some workers were excavating the street to replace the sewers and had to go to some depth. It is believed to be one of the biggest bombs still unexploded ever found in Milan. The zone will be protected by experts and by the city police.

Unit 14 Idiomatic Expressions (*Espressioni Idiomatiche*)

14-1

1. Ho bisogno di un ombrello.
2. Tu hai sempre fretta.
3. Lui ha freddo.
4. Lei ha mal di testa.
5. Abbiamo sete.
6. Avevo torto.
7. Hanno bisogno di scarpe nuove.
8. Avevo mal di testa.
9. Tu hai vergogna.
10. Voi avete sonno.
11. Abbiamo molto caldo.
12. Hanno ragione.

14-2

1. Lui fa attenzione.
2. Facciamo colazione.
3. Faranno delle fotografie.
4. Ho fatto un viaggio.
5. Fa uno spuntino.
6. Io faccio una visita.
7. Faceva molto freddo.
8. Lui farà un discorso.
9. Faremo alla romana.
10. Lui mi fa un favore.
11. Faremo una crociera.
12. Faccio la spuntino.
13. Lei fa attenzione.
14. Voi fate una domanda.

14-3

1. L'hanno fatta lavorare troppe ore.
2. Mi sono fatta portare dal dottore da mio marito.
3. Mia nonna mi faceva asciugare i piatti tutti i giorni.
4. Ci faranno guardare le fotografie per due ore.
5. Ha fatto andare a letto i bambini molto presto.
6. Non lo lascerà andare in casa.
7. I nonni lasciano fare tutto quello che vogliono ai nipotini.
8. La scuola lascia andare gli studenti a casa presto.
9. Lasciala ridere!
10. Lasciali giocare!
11. Ci vorranno diversi anni finché gli alberi crescano.
12. Quanto tempo ci vorrà per fare questa traduzione?
13. Mi ci sono voluti solo tre giorni.
14. Quanti giorni ci mette una lettera per arrivare dall'Italia?
15. Ci mette una settimana.

14-4

I have a beautiful house in the country, but it is old. I would like to have it remodeled. I already have the plan and the estimate being done for me by an architect well known in this area. I will have the job done by a construction company that I have known for a long time. Many months will be needed to complete this project. I will not go to see it until it is finished. I will let the masons work in peace. They know how to do their work.

I have already had the fireplace fixed, but it cannot be used for two or three more weeks. As soon as the work is done, I'll invite my friends for a party.

14-5

1. Devo dare da mangiare al cane.
2. Non dargli fastidio, stanno dormendo.
3. Mi ha dato il benvenuto con affetto.
4. Mia sorella dà sempre la colpa ai suoi amici.
5. In Italia la gente dà la mano.
6. Non dargli ascolto!
7. Domani gli studenti daranno gli esami finali.
8. La casa di Georgia dà sulla spiaggia.
9. Ho dato un urlo quando ho visto il topo.
10. Ci danno un passaggio per'aeroporto.
11. Ai bambini piace dare calci alla palla.
12. Ho dato un sospiro di sollievo quando ho finito il libro in orario.
13. Non gli abbiamo ancora dato una risposta.
14. Devo darmi da fare, perchè parto fra due settimane.
15. Mio figlio non vuole darsi per vinto.

14-6

1. La gente in Italia spesso va a braccetto.
2. Carlo vuole andare a pescare con suo nonno.
3. I loro bambini vanno sempre d'accordo.
4. Vorrei andare a cavallo nel West.
5. Oggi, tutto quello che ho fatto è andato bene.
6. Lei ha paura di andare in aereo.
7. Lei preferisce andare in treno.
8. Perchè non andiamo di sera?
9. Tutto andrà in vendita domani.

14-7 The boys were in the park playing soccer. All of a sudden one of them kicked a player of the opposite team. The boy screamed with pain and fell on the ground. Everybody surrounded him to see if he was really hurt. The coach wanted them to stay away, but nobody was listening. They wanted to help their friend. The adults talked it over for a while and they agreed with the boy who had been hurt. When they asked the other boy the reason for his behavior, he did not give an answer. The coach suspended him from the game for two weeks. Maybe the next time he will try to be kinder, more respectful, and more sportsmanlike with his fellow players.

14-8
1. Quel vestito le sta a pennello.
2. Aspetteremo a vedremo chi prenderà il premio per il quadro migliore.
3. Giovanni è a letto. Non sta affatto bene.
4. Erica non sta mai ferma.
5. Perchè stai in piedi?
6. Sono stato dal dentista per tre ore.
7. State fermi e zitti. Sono stanca.
8. Fa troppo freddo. Starò a casa.
9. Stai attenta a non scivolare sulla strada ghiacciata.

14-9 This morning I woke up early and I was going to the station to meet Giovanna, when she called me to tell me that her baby-sitter was not well and she could not go to her house to stay with the children. She also told me that her children were sick with the flu and they had to stay quietly in bed. When the children are well and the weather is good we will go horseback riding all together. For now Giovanna has to stay home to keep the children still. What a pity!

Unit 15 Verbs and Expressions Followed by a Preposition

15-1
1. Credono a tutti.
2. Cerco di non dare fastidio a mia sorella.
3. I bambini non danno ascolto alla maestra.
4. Il gatto dà la caccia al topo.
5. Per favore fai attenzione alla strada.
6. Il bambino ha dato un pugno a sua sorella sul naso.
7. Tu farai piacere a tua madre.
8. Lui pensa sempre a te.
9. A loro piace giocare alle carte.
10. Lei assomiglia a suo padre.
11. Lui non stringe la mano al suo amico.
12. Dobbiamo dare da mangiare ai nostri animali.

15-2
1. Mi devo abituare al posto nuovo.
2. Si affretta a mangiare.
3. Ti aiuterò a allacciarti le scarpe.
4. Si è deciso a studiare l'italiano.
5. Ci divertiamo molto a guardare le scimmie allo zoo.
6. Fai meglio a non sposarti.
7. Dobbiamo imparare a sciare.
8. La madre insegna al bambino a camminare.
9. Ci invitano a ballare.
10. Io penso sempre a comprare qualche cosa per i miei figli.
11. Questo strumento serve a bloccare la porta.
12. Dovete rinunciare al vostro viaggio.
13. Non continuare a ridere!
14. Mi manderanno a prendere il pacco alla posta.
15. Riprenderemo a imparare l'italiano domani.

15-3
1. Andiamo al cinema.
2. Sono andato al cimitero.
3. Corre a casa perchè ha fame.
4. Si ferma a comprare il giornale.
5. Ci fermeremo a casa tua.
6. Sono ritornati/e a casa molto tardi.
7. Andiamo a scuola con i nostri amici.
8. Maria e Carlo vengono a visitarci oggi pomeriggio.
9. Corre a prendere l'autobus.
10. Mi fermo a guardare i fiori nel prato.
11. Staranno a casa tutto il giorno.
12. È ritornata a casa con molti libri.

15-4
1. Non mi sono accorto/a di lei.
2. Tu hai bisogno dei tuoi amici.
3. Maria si nutre solo di frutta.
4. Abbiamo paura dei gatti.
5. Vi siete dimenticati di me a casa.
6. Si preoccupavano dei loro vecchi genitori.
7. Mi fido di te.
8. Non si ricorda affatto di te.
9. Lei si è innamorata di lui.
10. Ridono di lui.
11. Ci meravigliamo delle sue capacità.
12. Lei soffre di emicranie.
13. Si lamentano di tutto.
14. Non potete vivere solo di pane e acqua.

15-5

1. Ammetto di sbagliare.
2. Hai finito di parlare al telefono.
3. Ha ordinato alle sue truppe di ritirarsi.
4. Pensa di mangiare una bistecca.
5. Ti auguro di vivere una vita lunga e felice.
6. Abbiamo bisogno di dormire.
7. Ti prego di venire subito.
8. Lei ti proibisce di toccare la torta.
9. Ti chiediamo di chiudere la porta.
10. Conto di arrivare in orario.
11. Mi hanno promesso di portarmi un bel giocattolo.
12. Vi ringraziamo di aver annaffiato le piante.
13. Crede di uscire dall'ospedale fra quattro giorni.
14. Mi sono dimenticato di spegnere la luce.
15. Tu hai deciso di viaggiare in treno.

15-6

1. Puoi contare su di me.
2. Sto riflettendo sul da farsi.
3. Il presidente giura sulla Bibbia.
4. Desidero avere un bel giardino.
5. Permettiamo ai bambini di guardare la televisione.
6. Preferiamo mangiare fuori.
7. Amo avere una bella casa.
8. Tu sai vivere bene.
9. Basta parlare.
10. Bisogna parlare con il direttore.

15-7

1. Impariamo a sciare.
2. Comincio a capire.
3. Penso di venire.
4. Ha bisogno di studiare.
5. Ritorneranno in Italia.
6. Tu hai paura del buio.
7. Non ci fidiamo di lui.
8. Smetti di parlare!
9. Staremo a casa.
10. Hanno dimenticato di studiare.
11. Ho bisogno di te.
12. Ha promesso di venire.
13. Ringraziano di tutto.
14. Insegnava scuola di guida.
15. Chiamami prima di partire.

Unit 16 General Review of Verbs

16-1

1. parlo
2. cammini
3. lavora
4. cucina
5. insegnamo
6. arrivate
7. cambiano
8. vedo
9. scrivi
10. legge
11. vuole
12. vinciamo
13. perdete
14. sento
15. parti
16. gioca
17. dice
18. capiamo
19. pulite
20. riescono

16-2

1. parlavo
2. arrivavi
3. mangiava
4. comprava
5. cambiavamo
6. arrivavate
7. andavano
8. vincevo
9. vedevi
10. doveva
11. voleva
12. conoscevamo
13. potevate
14. sapevano
15. leggevate
16. leggevamo
17. finivo
18. capivi
19. uscivamo
20. partivate

16-3

1. mangerò
2. sentirai
3. comprerà
4. studierà
5. ascolteremo
6. partirete
7. fermeranno
8. guiderò
9. arriverai
10. leggerà
11. cercherò
12. berrà
13. conosceremo
14. dovrete
15. chiuderanno
16. chiederò
17. capirai
18. verrete
19. finirete
20. occuperanno

16-4

1. Io andrò a casa.
2. Tu dormirai.
3. Mangerà al ristorante.
4. Pulirai il pavimento.
5. Camminerà molto in fretta.
6. Ascolteremo le notizie.
7. Starete con vostra sorella.
8. Tu e Carlo riderete quando vedrete il film.
9. Potrà vederti domani.
10. Scriveranno una lunga lettera.
11. Risponderò al telefono.
12. Dovrà studiare.
13. Non ci dimenticheremo di chiamarti.
14. Staranno all'albergo in centro.
15. Chiuderai le finestre e la porta.
16. Berranno solo vino.
17. Leggerà questo libro.
18. Cambierai la macchina il prossimo mese.
19. Scriverà un poema.
20. Farò una torta.

16-5 Il festival della canzone si tiene questa settimana in San Remo, una bella cittadina sulla Riviera italiana. Questo è il cinquantacinquesimo anno per il festival. Trenta-due cantanti sono in competizione per il primo posto. Questa è la più prestigiosa competizione per giovani cantanti in Italia. Ognuno di loro spera che la sua canzone vincerà. Ci saranno molti spettatori e celebrità da tutte le parti d'Europa che attenderanno il festival. La gente si divertirà mentre i cantanti saranno nervosi per la competizione. Il festival durerà una settimana. Alla fine della settimana un cantante vincerà e lui o lei sarà molto felice, mentre gli altri ritorneranno a casa delusi.

16-6
1. Ho mangiato tardi./Mangiai tardi.
2. Sei andato/a a scuola./Andasti a scuola.
3. Ha capito tutto./Capì tutto.
4. Ha chiuso la porta./Chiuse la porta.
5. Ha vinto la partita./Vinse la partita.
6. Avete studiato./Studiaste.
7. Hanno dormito tutto il giorno./Dormirono tutto il giorno.
8. Sono andato/a sull'autobus./Andai sull'autobus.
9. Hai cantato nel coro./Cantasti nel coro.
10. Lei è entrata./Entrò.
11. Siamo ritornati/e con te./Ritornammo con te.
12. Ci avete aspettato./Ci aspettaste.
13. Hanno finito il loro lavoro./Finirono il loro lavoro.
14. Ti ho pensato tanto./Ti pensai tanto.
15. Carlo ha letto il libro./Carlo lesse il libro.
16. Abbiamo chiamato Carlo./Chiamammo Carlo.
17. Lei non ha capito./Non capì.
18. Gli abbiamo detto la verità./Gli dicemmo la verità.
19. Sei venuta a casa mia./Venisti a casa mia.
20. Hanno finito il vino./Finirono il vino.

16-7
1. I had eaten late.
2. You had understood everything.
3. She had slept late.
4. He had left with the train.
5. We had gone to the gym.
6. You had spoken with your friends.
7. They had understood everything.
8. I had left without saying anything.
9. You had put the sweater in the car.
10. He had walked a lot.
11. We had hoped to see you.
12. You had traveled a lot.
13. They had sold the house.
14. I had given her the doll.
15. You had told the children a story.
16. He had signed the contract.
17. She had thought of coming with us.
18. We had driven for many hours.
19. You had drunk too much.
20. They had gotten tall.

16-8
1. Avevo dormito fino a tardi.
2. Tu avevi parlato con lei.
3. Lui aveva capito tutto.
4. Lei aveva fatto tanto per lui.
5. Avevamo fatto una buona torta.
6. Avevate pianto molto.
7. Erano arrivati/e con noi.
8. Erano morti/e in un incidente automobilistico.
9. Avevo pulito la casa.
10. Avevi lavato le finestre.
11. Era partita per Roma.
12. Eravamo arrivati/e da Napoli.
13. Avevano letto un giallo.
14. Avevamo progettato di andare a sciare.
15. Gli avevi detto di stare attento.
16. Maria era ritornata in inverno.
17. Carlo era appena partito.
18. Eravamo stati/e al ristorante con loro.
19. Giovanni era già andato via.
20. Lei era diventata molto importante.

16-9 Today, the most common means of transportation in Italy is the car. At one time, the bicycle was used a lot to go to work or for fun. The development of the automobile industry has changed the way of life a great deal for Italians. People used to walk a lot more than they do today. In the large cities public transportation, like busses, trolleys, and subways, allows people to move easily and without having to look for parking.

With the development of motorization, road jams and air pollution have increased a lot. Cars were created to make transportation easier. Today they are used to go to work as well as for recreation.

16-10
1. Io vorrei un caffè.
2. Tu leggeresti, ma sei stanco.
3. Pulirei, ma non ho il tempo.
4. Carlo scriverebbe, ma non ha la penna.
5. Lei venderebbe la casa, ma lui non vuole.
6. Noi scieremmo, ma non c'è neve.
7. Loro viaggerebbero, ma costa troppo.
8. Lui studierebbe, ma è tardi.
9. Chiuderei le finestre, ma non è freddo.
10. Lei capirebbe, se tu spiegassi.
11. Loro mangerebbero, ma non è pronto.
12. Dovrei andare dal dottore.
13. Dovresti tenere le scarpe addosso.
14. Potrei parlare con Maria?
15. Andremmo, ma è troppo tardi.
16. Chiuderebbero la porta.
17. Maria viaggerebbe, ma ha paura.
18. Carlo mangerebbe, ma è pieno.
19. Venderebbe la macchina, ma è troppo vecchia.
20. Non leggerei una rivista di sport.

16-11

1. Io sarei stato/a a casa.
2. Lei avrebbe parlato con me.
3. Io avrei ascoltato.
4. Voi avreste pulito.
5. Noi avremmo scritto.
6. Avrebbero pensato.
7. Carlo avrebbe letto.
8. Carlo e Maria avrebbero dormito.
9. Voi avreste voluto.
10. Lei avrebbe dovuto venire.
11. Avremmo dovuto dormire.
12. Avrebbero dovuto scrivere.
13. Avrei potuto venire.
14. Maria sarebbe potuto venire.
15. Saremmo dovuti/e ritornare.
16. Voi avreste dovuto bere.
17. Sarebbero arrivati/e.
18. Avrebbero dovuto scrivere.
19. Avrei dovuto pulire.
20. Lei non sarebbe dovuta andare.

16-12

1. parli/parlassi
2. canti/cantassi
3. parli/parlasse
4. veniamo/venissimo
5. camminiate/camminaste
6. beviate/beveste
7. leggiamo/leggessimo
8. sentano/sentissero
9. sappiamo/sapessimo
10. capisca/capissi
11. dobbiamo/dovessimo
12. mandiate/mandaste
13. chiuda/chiudessi
14. senta/sentissi
15. parliamo/parlassimo
16. finiate/finiste
17. stia/stessi
18. dorma/dormissi
19. dobbiate/doveste
20. imparino/imparassero

16-13

1. sia venuto/a/fossi venuto/a
2. abbia imparato/avessi imparato
3. abbia detto/avesse detto
4. abbiamo capito/avessimo capito
5. abbiate sentito/aveste sentito
6. abbia capito/avesse capito
7. abbiate visto/aveste visto
8. abbia vissuto/avessi vissuto
9. abbiamo preso/avessimo preso
10. abbia aperto/avessi aperto
11. abbia conosciuto/avesse conosciuto
12. abbiate bevuto/aveste bevuto
13. abbia fatto/avesse fatto
14. abbiamo aspettato/avessimo aspettato
15. sia arrivato/a/fossi arrivato/a
16. abbia visto/avesse visto
17. siate partiti/e/foste partiti/e
18. sia rimasto/a/fossi rimasto/a
19. siate stati/e/foste stati/e
20. abbiano pensato/avessero pensato

16-14

Se fossi ricco/a, viaggerei in tutto il mondo. Visiterei sia posti remoti che zone metropolitane. Vorrei passare del tempo in località dove potrei essere di aiuto ai bambini. Vorrei insegnare loro a leggere e scrivere. Mi incontrerei con amici e assieme andremmo a cercare avventure insolite. Io e i miei amici scaleremmo le montagne e andremmo in canoa nei fiumi e nei laghi. Qualche volta potremmo avere paura, ma ritorneremmo a casa felici con molti preziosi ricordi. La vita dovrebbe essere presa con un po' di audacia ed entusiasmo.

16-15

1. Lei assomiglia a sua madre.
2. Gli piace dar da mangiare agli uccelli.
3. Non ascoltare cattivi consigli!
4. Ha dato un calcio a sua sorella sugli stinchi.
5. I cantanti partecipano alla competizione.
6. Non abbandonare mai i tuoi sogni!
7. A lei non piace stringere la mano agli sconosciuti.
8. Ai ragazzi piace giocare al pallone.
9. Vorrei fargli un regalo.
10. Farebbero meglio a studiare di più.
11. Mi sarebbe piaciuto avere imparato a volare.
12. L'avrebbero mandato all'università, ma non avevano i soldi.
13. Doveva affrettarsi ad andare all'aeroporto.
14. I bambini si divertivano molto a giocare con l'acqua.
15. Aveva sempre bisogno di sua madre.
16. Quando ero piccolo/a, avevo paura del buio.
17. Credo di essere capace di venire a casa tua.
18. Si nutrono solo di verdura e frutta.
19. Non preoccuparti di finire il libro.
20. Avevo sperato di poter venire al matrimonio.

Final Review

R-1
1. parlo
2. giochi
3. sorride
4. scendiamo
5. meditate
6. raccolgono
7. andare
8. vogliamo
9. noleggiamo

R-2
1. stiamo andando
2. stai saltando
3. sto sognando
4. sta facendo
5. stanno andando
6. stanno facendo
7. sta finendo
8. sta andando
9. stiamo partendo

R-3
1. I bambini hanno fame.
2. Il nonno ha sonno.
3. Lui ha paura delle grandi altezze.
4. In inverno abbiamo sempre freddo.
5. L'uomo ha fretta.
6. Abbiamo molta sete.
7. Loro hanno fortuna.
8. Abbiamo fame e sete.
9. In estate ho sempre caldo.

R-4
1. abbiamo
2. è
3. ha
4. abbiamo
5. sono
6. sono
7. hanno
8. ho
9. hai

R-5
1. C'è
2. Ci sono
3. C'è
4. Ci sono
5. ci sono
6. ci sono
7. ci sono
8. C'è
9. Ci sono

R-6
1. Da quanto tempo
2. Da
3. Da quando
4. da
5. Da quanto tempo
6. da
7. da
8. da
9. Da quanto tempo

R-7
1. fa, fa
2. fai, faccio
3. fare, fare
4. fanno, fanno
5. fa
6. fanno
7. fate
8. fa
9. fai

R-8
1. Mia madre non sa che io parto per l'America.
2. Il contadino sa che la pioggia è importante per il granoturco.
3. Sai che ha trovato un'altra moglie?
4. Loro conoscono molte persone in questa città.
5. Vorrei conoscere quel giovane.
6. Vorrei sapere molte lingue.
7. Mio fratello conosce molte persone.
8. Lui vorrebbe sapere il cinese.
9. La bambina sa suonare il piano, e suo fratello sa giocare al tennis.

R-9
1. Maria vuole uscire con i suoi amici.
2. Vogliamo studiare una nuova lingua.
3. Possiamo ottenere un visto di lavoro.
4. Voglio scrivere un libro sulla mia vita.
5. Devono comprare molto cibo.
6. Lei deve studiare per gli esami.
7. Tuo marito non può andare a lavorare domani.
8. Lucia deve pulire la casa.
9. Tu vuoi comprare una bottiglia di vino rosso.

R-10
1. partire
2. lascia
3. partite
4. lasciate
5. parte
6. lascia, esce
7. deve
8. conosciamo
9. esce

R-11
1. Sii un buon amico! Aiutalo!
2. Mangia tanta frutta e verdure!
3. Camminiamo in fretta!
4. Vai (Va') a dormire presto!
5. Sii paziente con i bambini!
6. Date da mangiare al gatto!
7. Non guardate troppa televisione!
8. Metti il cibo nel frigorifero!
9. Riempi la brocca con acqua fredda!

R-12
1. venga
2. Apra
3. lavori, parli
4. faccia
5. pensi
6. dia
7. spenda
8. stia, vada
9. vada

R-13

1. si addormenta
2. si riposa
3. mi sveglio
4. ci divertiamo
5. si alza
6. si veste
7. si lavano
8. si sposano
9. si pettinano

R-14

1. Andremo in vacanza questa estate.
2. Scriverò le mie memorie quando avrò tempo.
3. A che ora inizierà lo spettacolo?
4. Andrai in Italia per studiare l'italiano?
5. I bambini mangeranno la pizza questa sera.
6. Lei risponderà a tutte le domande sull' esame.
7. Voi canterete con il coro la prossima settimana.
8. Ripareranno la porta del garage.
9. Farà un bel ritratto della famiglia.

R-15

1. visiterete, sarete
2. dovrò, sarò
3. compreranno
4. sarà, troverà
5. studierete
6. verrete, porterò
7. prenoteremo
8. succederà
9. accompagneremo

R-16

1. Quando porterai i bambini al parco?
2. Farà un dolce per il compleanno di suo marito?
3. Dovremo andare a fare la spesa prima che i nostri amici arrivino dall'Italia.
4. Domani saprò se gli esami sono andati bene.
5. Lui darà il cibo e l'acqua al gatto.
6. Questo fine settimana vedremo un film muto.
7. Le mie amiche verranno a prendere il tè a casa mia.
8. Non cadrà se tiene il bastone in mano.
9. Quanto tempo staranno in vacanza?

R-17

1. andremo, compreremo
2. so, avrete
3. sarà, partiranno
4. piove, andiamo
5. andremo
6. guardiamo
7. senti, pioverà
8. mangiamo
9. mangiamo, beviamo

R-18

1. ho visto
2. hai aggiunto
3. ha pianto
4. ha spento, ha lasciato
5. abbiamo giocato, abbiamo perduto (abbiamo perso)
6. avete riso, avete visto
7. hanno cotto
8. ho chiesto, ho lasciato
9. ha perso

R-19

1. ha diretto
2. hai riso
3. ho tradotto
4. ha attratto
5. ho chiesto, è scomparsa
6. hanno retto
7. è uscita, ha spento
8. ho scritto, ha risposto
9. hanno discusso

R-20

1. Hai preparato una colazione deliziosa.
2. Domenica scorsa sono andata(-o) in crociera con i miei genitori.
3. Tom ha fatto molti esercizi. Ha capito bene la lezione.
4. Dove hai messo il libro che stavo leggendo?
5. Non abbiamo deciso ancora niente.
6. La ditta ha assunto il nostro amico.
7. Abbiamo aggiunto un piatto per lui.
8. Il vecchio signore non ha capito bene la lezione.
9. Giovanni ha perso il suo orologio quando è andato al lago.

R-21

1. è diventato
2. è partito
3. siamo rimasti
4. è caduto
5. è apparsa
6. sono nati, sono morti
7. siamo stati
8. siete saliti
9. sei arrivato

R-22

1. andavamo
2. eravamo, guardavamo
3. telefonava, viaggiava
4. usciva, lasciava
5. ascoltava
6. leggevo
7. era, stavo
8. vivevo
9. camminavamo

R-23

1. Andavo al mercato ogni sabato mattina.
2. Volevamo andare al parco, ma faceva troppo caldo.
3. Dove eri quando ti abbiamo chiamata?
4. Quando andavamo in montagna, ci piaceva bere l'acqua dal ruscello.
5. Leggevamo sempre libri molto interessanti.
6. In ufficio parlavamo sempre di politica.
7. Voleva mandare una lettera alla compagnia aerea per lamentarsi del ritardo.
8. Speravo di vederti al festival.
9. I meteorologi prevedevano brutto tempo per tutta la settimana.

R-24
1. venivamo, abbiamo visto
2. ha spiegato, hanno capito
3. ha comprato, voleva
4. sembravano, ci siamo fermati, abbiamo aiutati
5. sembrava, ho deciso
6. ha fatto, è ritornata
7. ritornava, si è ricordata, doveva
8. mi sentivo, sono ritornata (-o), sono andata(-o)
9. leggeva, trovava

R-25
1. Avevo sedici anni quando sono venuta(-o) in America.
2. C'era molto vento quando l'aereo è atterrato a Chicago.
3. Quanti anni aveva tuo nonno quando è morto?
4. Quando mi sono svegliata(-o), nevicava molto forte.
5. Era molto tardi quando sei ritornata(-o) dal lavoro.
6. C'era molta acqua per le strade dopo il temporale.
7. Ti sei addormentato(-a) mentre leggevi il giornale.
8. Ogni tanto vedevo il mio vicino con il suo cane.
9. La nonna faceva i biscotti per i nipotini quando la visitavano.

R-26
1. comprasti
2. mangiammo
3. giocarono
4. arrivò
5. fu
6. compraste, veniste
7. vinsero
8. scese
9. vissi

R-27
1. nacque
2. seppe, vide
3. tenni
4. passarono
5. disse, interrogò
6. cadde, fratturò
7. parcheggiammo, prendemmo
8. decise
9. fu, soffrirono

R-28
1. piansi, partì
2. piacque
3. fecero, videro
4. furono
5. spensi, chiusi, uscii
6. risero
7. andammo, raccogliemmo
8. lessi
9. cadde, si ruppe

R-29
1. avevano chiamato
2. aveva detto, aveva dimenticato
3. avevamo finito
4. aveva promesso
5. erano entrati
6. avevo comprato
7. aveva venduto
8. avevano festeggiato
9. avevi visto, erano usciti

R-30
1. Avrò pulito la mia camera.
2. Avrai cambiato il tuo vestito.
3. Sarà partito.
4. Avrà completato gli studi.
5. Avremo comprato un'altra chiave.
6. Avrete letto questo libro.
7. Ti avranno chiamato.
8. Avrò tradotto il documento.
9. Avrai imparato il futuro anteriore.

R-31
1. avrò finito
2. avrai costruito
3. sarà ritornata
4. sarò arrivato(-a)
5. sarà andato
6. avrà pulito
7. avrete finito, potrete
8. avrà giocato
9. sarà finito, si saranno riposati

R-32
1. viaggerei
2. puliresti
3. andrebbe
4. verrebbe
5. vorrei
6. mangeresti
7. compreremmo
8. camminereste
9. includerebbero

R-33
1. darei
2. staresti
3. andrebbe
4. andrebbe
5. cadrebbero
6. potrebbero
7. vedreste
8. berrebbero
9. rimarrei

R-34
1. I would come to your house to talk about your trip.
2. You would see your favorite student.
3. She would watch her dogs.
4. I would not know what to do.
5. We would drink some good wine.
6. You would go to the market every day.
7. I would be happy to see you again.
8. They would stay with their grandchildren.
9. I would like to know how to swim.

R-35
1. Vorrei andare al mare.
2. Vorrei partire domani mattina.
3. Sì, prenderei un taxi.
4. Vorrei vedere la mia nipotina.
5. Vorrei finire il corso di italiano fra una settimana.
6. No, non mi piacerebbe andare sulla luna.
7. Sì, sarei contenta di parlare con il presidente.
8. Vorrebbero scendere dall'autobus in centro.
9. Vorrei spendere pochi soldi.

R-36

1. Sì, ci verrei.
2. Sì, sarebbero contenti di andare al teatro.
3. Vorrei studiare giurisprudenza.
4. No, non ti porterebbe il caffè a letto.
5. Sì, la bambina piangerebbe se non vede suo padre.
6. Se non fosse freddo comprerei il gelato.
7. Sì, ci piacerebbe andare a sciare.
8. Vorremmo venire a casa vostra in estate.
9. No, vorremmo stare in un piccolo albergo.

R-37

1. avrei bevuto	4. avrebbe risposto	7. sarebbe accorciata
2. sarebbe venuta	5. avrebbe scritto	8. avrebbero dovuto
3. avrei comprato	6. avremmo capito	9. sarebbero state

R-38

1. Avrebbe preso la medicina.
2. Sarebbe andata dal dottore.
3. Avrei dovuto chiamarvi. 8.
4. Avremmo venduto la casa.
5. Avrebbero dormito tutta la notte.
6. Avreste dovuto arrivare prima.
7. Avrei comprato una macchina nuova.
8. Avremmo cenato tardi.
9. Avremmo fatto una torta per il suo compleanno.

R-39

1. sarebbe venuta
2. sarebbe venuto
3. avrebbe preso
4. saremmo andati
5. sareste andati
6. avrei invitato
7. avrebbe lavato
8. avresti fatto, avrebbe ascoltato
9. avrebbero ballato

R-40

1. si è svegliata
2. mi sono alzata (-o)
3. si sono innamorati
4. ti sei pettinata (-o)
5. si è addormentato
6. si sono sposati
7. si è lavato
8. si è messa
9. si sono divertiti

R-41

1. Io mi ero addormentato tardi.
2. Voi vi eravate alzati presto.
3. Tu ti eri sentita (-o) male a causa del caldo.
4. Mio fratello non si era lucidato mai le scarpe.
5. Lui si era messo il cappello prima di uscire.
6. Lui si era tolto il cappello prima di entrare in chiesa.
7. Lei si era preparata per andare a lavorare.
8. I miei amici si erano chiamati tutti i giorni.
9. Carlo si era comprato un bel cappotto.

R-42

1. si sarà comprato	4. ci saremo parlati	7. si sarà laureata
2. si sarà comprata	5. ci saremo scritti	8. vi sarete divertiti
3. si saranno sposati	6. ti sarai lavato (-a)	9. mi sarò messo (-a)

R-43

1. Mi sarei svegliata (-o) presto.
2. Ti saresti sempre pettinata (-o).
3. Mi sarei messo il cappotto prima di uscire.
4. Lei si sarebbe seduta vicino alla finestra.
5. Lui si sarebbe incontrato con gli amici.
6. Noi ci saremmo raffreddati.
7. Voi vi sareste innamorati dell'Italia.
8. Loro si sarebbero comportati male.
9. Io mi sarei sdraiato (-a) sul divano.

R-44

1. impari	4. arriviate	7. perda
2. scriva	5. senta	8. finiscano
3. scriva	6. capiamo	9. sappiate

R-45

1. debba	4. facciate	7. valga, venga
2. abbia	5. muoiano	8. rimanga
3. trovi	6. cuocia	9. salga

R-46

1. Mi dispiace che lui mangi poco.
2. Mi dispiace che non abbia ricevuto la lettera.
3. Mi dispiace che lei viva lontano da me.
4. Mi dispiace che loro leggano un libro poco interessante.
5. Mi dispiace che lui arrivi sempre in ritardo.
6. Mi dispiace che voi non abbiate visto la televisione ieri.
7. Mi dispiace che noi non possiamo rimanere.
8. Mi dispiace che non ti piaccia la birra.
9. Mi dispiace che oggi faccia molto freddo.